La toma
de decisiones

SANTIAGO LAZZATI

La toma
de decisiones

Principios, procesos
y aplicaciones

GRANICA

BUENOS AIRES - BARCELONA - MÉXICO - SANTIAGO - MONTEVIDEO

© 2013 *by* Ediciones Granica S.A.

ARGENTINA
Ediciones Granica S.A.
Lavalle 1634 3° G
C1048AAN Buenos Aires, Argentina
Tel.: +5411-4374-1456
Fax: +5411-4373-0669
granica.ar@granicaeditor.com
atencionaempresas@granicaeditor.com

MÉXICO
Ediciones Granica México S.A. de C.V.
Valle de Bravo N° 21
Col. El Mirador
53050 Naucalpan de Juárez, Estado de México,México
Tel.: +5255-5360-1010
Fax: +5255-5360-1100
granica.mx@granicaeditor.com

URUGUAY
Ediciones Granica S.A.
Scoseria 2639 Bis
11300 Montevideo, Uruguay
Tel.: +5982-712-4857 / +5982-712-4858
granica.uy@granicaeditor.com

CHILE
Tel.: +562-810-7455
granica.cl@granicaeditor.com

ESPAÑA
Tel.: +3493-635-4120
granica.es@granicaeditor.com

Diseño de tapa: GUSTAVO WALD

www.granicaeditor.com

GRANICA es una marca registrada

ISBN 978-950-641-728-4
Hecho el depósito que marca la ley 11.723
Impreso en Argentina. *Printed in Argentina*

Lazzati, Santiago C.
    La toma de decisiones : principios, procesos y aplicaciones . - 1a ed. - Buenos Aires : Granica, 2013.
    168 p. ; 23x17 cm.

    ISBN 978-950-641-728-4

    1. Management.
    CDD 658

Índice general

Agradecimientos

A las personas que me ayudaron concretamente en la elaboración de este libro:

Mercedes Castronovo, mi "mano derecha" a lo largo de todo el proceso.

Edgardo Sanguineti, mi amigo y socio en la actividad profesional, que elaboró algunos de los módulos incluidos en el libro y participó en la preparación de otros.

La gente de Deloitte, que me ha brindado el apoyo necesario para que pueda dedicarme a la obra.

Ariel Granica, dueño y director de la editorial Granica, que ha confiado en el proyecto de colección que origina este primer libro, y que ha soportado cariñosamente los altibajos en mi consagración a la tarea.

Los que siempre me respaldan, cuyo apoyo permitió mi dedicación positiva al proyecto. Hablo de mi familia y de mis amigos.

Prólogo

No hay duda de que en un contexto de cambios acelerados, globalización y revolución tecnológica, abunda y abruma la información proveniente de fuentes inimaginables y a través de los más diversos canales. Esto genera desorden, dificultad para procesar y la necesidad de tomar decisiones simultáneas, en tiempo real, sobre problemas de lo más disímiles.

Se da por supuesto que el ser humano posee la capacidad natural de operar en este contexto, pero no es necesariamente así. Dados los estímulos desordenados y muchas veces caóticos a los que estamos expuestos, parecería ser realmente una necesidad contar con un proceso y con herramientas que faciliten ordenar sistémicamente el universo de la información y que permitan una toma de decisiones más racional y lógica de los problemas constantes que se presentan en el ámbito laboral y, por qué no, personal.

Santiago Lazzati, a partir de su larga trayectoria empresaria y académica, nos hace llegar en este libro perteneciente a la colección "Management en módulos" una clara estructura que organiza todos los contenidos temáticos propios del proceso decisorio en forma ordenada y lógica, pero que además permiten navegar para relacionar y conectar pragmáticamente etapas, herramientas y otras dimensiones involucradas en dicho proceso.

No se limita a describir exhaustiva y a su vez sintéticamente las etapas naturales de análisis del problema, planeamiento y control, definición de cursos de acción e implementación, sino que además suministra detalles sobre:

- aspectos organizacionales que dan marco y son parte de la toma de decisiones como la estrategia, la gestión del cambio, el conocimiento, los recursos y el riesgo;

- los distintos tipos de información involucrados en la toma de decisiones;

- herramientas;

- dimensiones del ser humano que toma decisiones,

- y hasta un modelo teórico como el de Senge y "las cinco disciplinas".

Es claramente un libro abarcativo y a su vez focalizado, característica de toda la producción literaria de Santiago Lazzati, que permite al lector interiorizarse sistémicamente en temáticas de mucha actualidad del mundo del management. Esta obra es sin duda una herramienta de consulta ágil y accesible para personas en sus diversos estadios académicos, profesionales y laborales.

Esta y las demás piezas que constituirán toda la colección son el producto de metodología de trabajo, capacidad de abstracción, practicidad, relacionamiento, enfoque sistémico, disciplina, exigencia, rigurosidad y –sobre todo– sabiduría de Santiago, quien nos sorprende con su maravillosa generosidad para compartir los conocimientos y la experiencia que ha cultivado durante su sobresaliente trayectoria.

Fabiana Gadow
Directora de Recursos Humanos
Regional LATCO de Deloitte

Introducción a la colección
"Management en módulos"

Esta obra pertenece a una colección de libros sobre management que hemos decidido ofrecer a los lectores. Se caracteriza por una estructura común que organiza los contenidos temáticos en módulos.

Un módulo es una unidad más bien pequeña, en general de entre una y tres páginas, correspondiente a un aporte valioso que puede ser un concepto fundamental, un modelo, una metodología, una herramienta de análisis, una guía de acción, etcétera; o bien una combinación de estos elementos. Cada uno de los módulos presenta un gráfico representativo del tema.

Obviamente, el tratamiento adecuado de cierto tema requiere una extensión superior al alcance que le damos a un módulo. Sin embargo, esto no es un impedimento porque, con un enfoque que va de lo general a lo particular, se arma un primer módulo de carácter abarcativo, y en módulos subalternos se avanza sobre los contenidos pertinentes. Por ejemplo, la metodología de resolución de problemas y toma de decisiones comprende tres etapas básicas: formulación del problema, desarrollo de cursos de acción e implementación. Entonces, en un módulo englobador se enuncian dichas etapas sin entrar en mayor detalle; en otros módulos se tratan respectivamente cada una de las etapas; y, como estas a su vez se dividen en pasos, en módulos adicionales aún más específicos se los analiza.

Además de las relaciones que van de lo general a lo particular, y viceversa, como las ejemplificadas en el párrafo precedente, existen muchas otras relaciones de distinto tipo. Por ejemplo, entre la implementación de la estrategia y la gestión del cambio, entre la gerencia y el liderazgo, etcétera.

La estructura en módulos, junto con las múltiples conexiones entre ellos, permite navegar en los contenidos conforme a la preferencia del lector. Por ejemplo, donde existe un esquema subyacente de género a especie, uno puede entrar por lo más general para ir profundizando a medida que lo necesita, o dirigirse directamente al aspecto específico que interesa en el momento; por otra parte, pueden recorrerse las páginas echando una ojeada, para concentrarse en aquellos módulos que disparan la atención; o bien puede usarse el texto como si fuese un diccionario, buscando directamente el concepto, entre otras variantes de lectura.

Dadas las múltiples alternativas de acceso o navegación, hemos preferido ordenar los módulos por orden alfabético, de manera de facilitar su ubicación. Además, en cada módulo se hace referencia a los otros módulos que tienen conexiones significativas.

Hemos optado por no indicar la bibliografía correspondiente a cada módulo, porque esto hubiese sido una labor excesiva y de dudoso valor agregado, por la tremenda dispersión de referencias. Sin embargo, en ciertos módulos nos ha parecido oportuno citar aquella obra que constituye la fuente fundamental. Por otro lado, incluimos una bibliografía general que indica los principales libros tomados en cuenta para desarrollar los módulos.

Pensamos que esta colección habrá de ser útil tanto en el ambiente académico (docentes, investigadores y alumnos) como en el empresario. Estamos convencidos de que su estructura es propicia para adquirir, reforzar, confirmar u ordenar conocimientos, de manera eficaz y eficiente.

Además, puede servir de base para que cualquier empresa encare un proyecto que creemos que ofrece grandes beneficios: desarrollar un conjunto de módulos propios adecuados a los objetivos estratégicos, políticas y procedimientos de la empresa que guíe sus actividades en materia de management y comportamiento humano. En este orden incluimos un apéndice titulado "Sistema de módulos del conocimiento".

La toma de decisiones

Introducción

El management, como la vida en general, es un permanente afrontar problemas. En sentido lato, un *problema* es una brecha entre una situación actual o proyectada y un objetivo. Una situación proyectada es aquella que puede llegar a ocurrir, independientemente del objetivo. Un objetivo es un resultado, atributo o situación deseados, para cuya consecución se pretende ejercer alguna acción consecuente. El problema puede ser "desagradable", cuando la situación actual o proyectada no satisface un objetivo predeterminado, explícito o implícito; o bien puede ser "agradable", cuando se fijan nuevos objetivos para aprovechar oportunidades atractivas; y hay muchos problemas que son en parte agradables y en parte desagradables.

Todo problema plantea alternativas de cursos de acción, a fin de superar o achicar la brecha; vale decir, lograr el objetivo o, al menos, acercarse a él. Tal planteo dispara la necesidad de tomar una decisión, que consiste en elegir el curso de acción adecuado (o una configuración de varios cursos de acción). Es imposible resolver un problema sin tomar una decisión. Y, viceversa, la razón de tomar una decisión es resolver un problema. Por lo tanto, los conceptos de "resolución de problemas" y "toma de decisiones" son sinónimos, dado que ambos representan un mismo proceso, que caracterizamos con la sigla RP/TD. Se inicia con un planteo preliminar del problema y culmina con la implementación de la decisión; o sea, la acción correspondiente. (El proceso se recrea continuamente, debido a la dinámica de la vida, en la cual muchos problemas permanecen sin resolver y además aparecen otros nuevos y numerosos.)

La RP/TD comprende no solo la resolución de problemas puntuales, sino también el planeamiento de las actividades de un área de responsabilidad (la organización, un sector de ella, etcétera). A su vez, el planeamiento provoca la necesidad de controlar lo planificado. Esto implica procesos de planeamiento y control.

Asimismo, la RP/TD, incluidos planeamiento y control, requieren de la información pertinente, en cualquiera de sus etapas y pasos. En sustancia, todo el proceso decisorio puede enfocarse como un sistema cuyo *input* es la información y cuyo *output* es la decisión orientada a la acción. Como en cualquier sistema, la calidad del *output* depende de la calidad del *input*. De aquí la gran importancia que tiene la información en la RP/TD.

Esta obra comprende los procesos indicados en los párrafos precedentes. Ahora bien, estos procesos pueden ser encarados por una persona sola o por un grupo de individuos. En el primer caso, la problemática del proceso en sí (no nos referimos al contenido) tiene mucho que ver con la lógica, aunque interviene también la psicología del sujeto. En el segundo caso se agrega la dinámica interpersonal que juega en el proceso, por lo cual la importancia del comportamiento humano adquiere otra dimensión. En este orden se ubican temas como la comunicación, la participación en la toma de decisiones, las reuniones, el trabajo en equipo, etcétera. En la presente obra trataremos estos temas más bien tangencialmente, en la medida en que sea necesario para el desarrollo del objeto central, pero dejaremos su profundización para una segunda obra, que publicaremos próximamente.

Asimismo, el proceso decisorio está estrechamente vinculado con el tema de la creatividad y la innovación, especialmente en una de las actividades implicadas, que es la generación de ideas. Sin embargo, hemos considerado oportuno remitir el tratamiento de dicho tema a otro libro de módulos, limitándonos aquí a cierta referencia básica.

De acuerdo con la estructura señalada en la introducción a la colección, todos los módulos de este libro están ordenados alfabéticamente y numerados correlativamente, contando con un sistema de referencias cruzadas que facilita la navegación de un módulo a otro, conforme a las preferencias o necesidades del lector.

Si bien este es mi primer libro presentado en forma de módulos, es el tercero que publico sobre el tema. En 1993 publiqué *Claves de la decisión en la empresa – Método y participación* y, en 1997, *RP/TD – El proceso decisorio*, ambos editados por Macchi. Para la presente edición de esta última obra, de la editorial Granica, además de la conversión en módulos, hice los cambios y agregados que consideré convenientes para actualizar los contenidos.

Índice de módulos

18

Relación entre los módulos

Ordenamiento de los módulos

Los módulos están ordenados alfabéticamente y numerados siguiendo este orden (Ref. Índice de módulos). Para navegar en los módulos, el lector tiene dos caminos principales:

- Ubicar en el índice el o los módulos que le interesan, incursionar directamente en ellos, y luego dirigirse discrecionalmente a cualquier otro módulo, tomando en cuenta las referencias que se indican en el acápite siguiente.

- Elaborar un *plan de navegación* previo a incursionar en un módulo determinado. Para facilitar este plan, en el acápite subsiguiente se introduce un *mapa de navegación*.

Referencia de un módulo a otro

Entre ciertos módulos puede haber una relación de lo general a lo particular. Por ejemplo, en el módulo 66. RP/TD - METODOLOGÍA GENERAL DEL PROCESO se enuncian las tres etapas del proceso de RP/TD; y en sendos módulos, el 58. PRO-BLEMÁTICA – EXAMEN, el 10. CURSOS DE ACCIÓN – DESARROLLO y el 28. IMPLE-MENTACIÓN – PLANEAMIENTO, se desarrollan cada una de esas etapas, respectivamente. En el módulo general, en el punto pertinente, se hace referencia al módulo específico correspondiente. A su vez, en este, al inicio de su texto, se hace referencia al módulo general que lo antecede.

Además de las relaciones de lo general a lo particular, existen muchas otras conexiones. En estos casos, también en el punto pertinente de un módulo se hace referencia al otro módulo conectado.

Mapa de navegación

A continuación se incluye un mapa de navegación que comprende cuatro bloques.

I. RP/TD - General

- Parte de los conceptos fundamentales de **RP/TD** (módulo **62** / pág. 68),
- continúa con la metodología general del proceso (módulo **66**), y
- se abre en función de las tres grandes etapas que abarca la metodología (módulos siguientes).

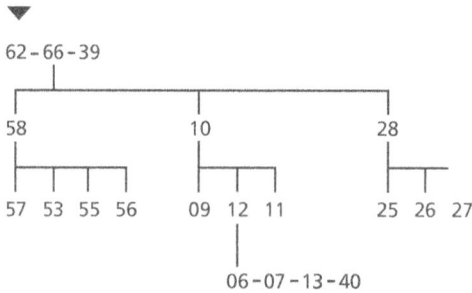

```
▼
62 - 66 - 39
┌──────────────┬─────────────────────┐
58             10                     28
┌──┬──┬──┐   ┌──┬──┐               ┌──┬──┐
57 53 55 56   09 12 11             25 26 27
                 │
            06 - 07 - 13 - 40
```

II. Planeamiento y control

- Arranca con la relación entre RP/TD y planeamiento (módulo **69** / pág. **74**),
- continúa con los conceptos básicos (módulo **50**) y la identificación de los campos (módulo **49**) del planeamiento y control,
- desarrolla cada uno de los campos identificados (módulos siguientes), y
- esboza el proceso general de planeamiento común a dichos campos (módulo **48**), para luego tratar distintos aspectos de la fijación de objetivos, que forman parte del proceso (módulos siguientes).

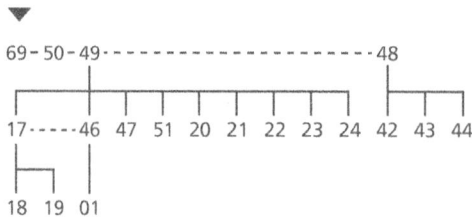

```
▼
69 - 50 - 49 · · · · · · · · · · · · · · · · · · · · 48
┌──────┬──┬──┬──┬──┬──┬──┬──┐   ┌──┬──┐
17 · · · · · 46 47 51 20 21 22 23 24   42 43 44
┌──┐   │
18 19  01
```

III. Información

- Arranca con la relación entre RP/TD e información (módulo **64** / pág. 70),
- continúa con el análisis de los distintos aspectos en que cabe enfocar la información (módulo **29**),
- y examina cada uno de dichos aspectos (módulos siguientes).

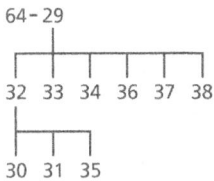

▼

64 – 29

32 33 34 36 37 38

30 31 35

IV. Módulos abarcativos

Se trata de módulos que no se desprenden específicamente de algunos de los bloques indicados en I a III, sino que están relacionados con cualquiera de los tres bloques, de distinta manera.

▼

61 – 63 – 65 – 67 – 68

59 60

02 03 04 05 08 14 15 16 41 45 52 54 70 71

En cada bloque la secuencia es
- de izquierda a derecha, y
- de arriba hacia abajo.

La conexión se refleja gráficamente con rayas.

La toma de decisiones

MÓDULOS

Análisis estratégico

Macrosistema
Oportunidades y amenazas

Sistema
Fuerzas y
debilidades

M 41 - pág. 98 ◀•• Tomando como base el MODELO DE SISTEMAS que presentamos en el módulo respectivo, cabe diagnosticar la situación del sistema por medio del denominado *análisis estratégico*, formado por:

- El análisis "interno", que consiste en identificar las fuerzas y las debilidades del sistema.

- El análisis "externo", que estriba en reconocer las oportunidades y las amenazas que ofrece el macrosistema.

A este análisis se lo suele caracterizar con la sigla FODA, compuesta por las iniciales de los cuatro elementos indicados (fuerzas, oportunidades, debilidades y amenazas). En inglés se acostumbra utilizar la abreviatura SWOT, representativa de *strengths* (fuerzas), *weaknesses* (debilidades), *opportunities* (oportunidades) y *threats* (amenazas).

El análisis estratégico constituye una etapa fundamental del proceso de planeamiento estratégico, etapa que hace foco en las fuerzas y debilidades de la organización y las oportunidades y amenazas de su entorno. Para ello ambos campos se suelen desglosar en sus elementos componentes que, en la organización, se trataría de personas, información, estrategia, estructura, sistemas y operación; y en el entorno de factores del macro entorno, ramo de actividad y actores cercanos (clientes, proveedores, competidores, etcétera).

En el planeamiento estratégico, el análisis estratégico suele comprender, además:

- Un examen de los intereses y las expectativas de los respectivos *stakeholders* o grupos de interés. En una sociedad de personas, este examen puede incluir intereses y expectativas de cada uno de los socios.

- La consideración de distintos escenarios futuros. Entonces el FODA se puede desglosar en función de esos escenarios considerados.

También corresponde emplear el análisis estratégico en el examen de la problemática orientado al aprovechamiento de oportunidades que tratamos en el módulo PROBLEMA – APROVECHAMIENTO DE OPORTUNIDADES y que es uno de los tipos de problemas que planteamos en el módulo RP/TD – CONCEPTOS FUNDAMENTALES.

••▶ M 53 - pág. 120

••▶ M 62 - pág. 138

Árbol de decisión

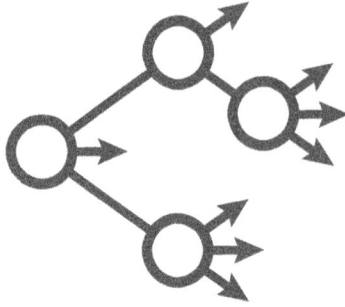

El árbol de decisión es una forma gráfica (que semeja las ramas de un árbol) de representar un conjunto de alternativas inherentes a un proceso decisorio que están sucesivamente encadenadas. Las alternativas pueden corresponder a decisiones propias o de otras personas, o bien a hechos aleatorios. El árbol de decisión se suele emplear especialmente cuando de una decisión primaria propia se desprenden alternativas que dependen de decisiones de otras personas o de hechos aleatorios.

Según el *Diccionario de la Real Academia Española*, una alternativa es (primera acepción) la "opción entre dos o más cosas", pero también (segunda acepción) "cada una de las cosas entre las cuales se opta"; y opción (primera acepción) significa "libertad o facultad de elegir" y (tercera acepción) "cada una de las cosas a las que se puede optar". Por otra parte, la palabra *alternativa* se acostumbra emplear con respecto al planteo de eventos aleatorios, y no solo a opciones o elecciones (decisiones). En este módulo utilizamos dicha palabra en sentido amplio, incluyendo tales eventos. Pero, además, para facilitar el texto (habida cuenta del doble significado que establece el citado diccionario) distinguiremos convencionalmente:

- El "nodo" (planteo) de la alternativa (corresponde a la primera acepción).

- Las "ramas" (cursos) que se desprenden de la alternativa planteada (corresponde a la segunda acepción).

En el gráfico del árbol de decisión, el nodo se suele representar con un círculo y sus ramas con líneas rectas que se abren desde el círculo hacia la derecha. A fin de simplificar el gráfico, cabe identificar cada rama por medio de un número, definiéndola fuera del gráfico y haciendo referencia al número respectivo. De esta manera, no es necesario definir el nodo pues este queda caracterizado por sus propias ramas. Por ejemplo, en el caso de un nodo con tres ramas, su representación gráfica sería la siguiente:

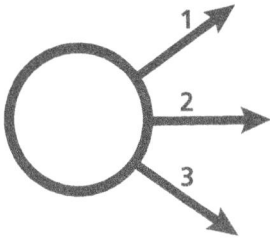

A su vez, cualquier rama puede dar lugar a un nodo adicional, y así sucesivamente. En el ejemplo traído en el párrafo precedente, la rama 2 podría culminar en un nodo que ofrezca a su vez dos ramas:

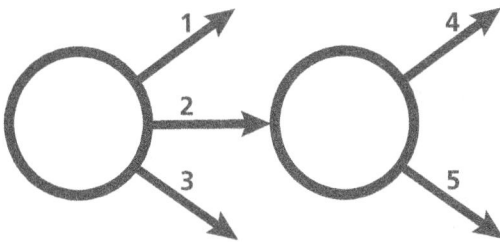

Ejemplo

Usted está organizando una fiesta para cincuenta personas en un período del año bastante lluvioso. Sus opciones son realizar la fiesta en su departamento, donde las personas estarán un poco apretadas, o en su propiedad en un country club, donde tiene una casa muy pequeña y un gran parque (sin reparos para la lluvia). De optar por el country club, tiene la posibilidad de alquilar la instalación de una carpa. A su vez, en el mercado hay disponibles dos tipos de carpa: una más grande pero más costosa, y la otra más chica pero menos costosa.

En este ejemplo el árbol de decisión podría ser así:

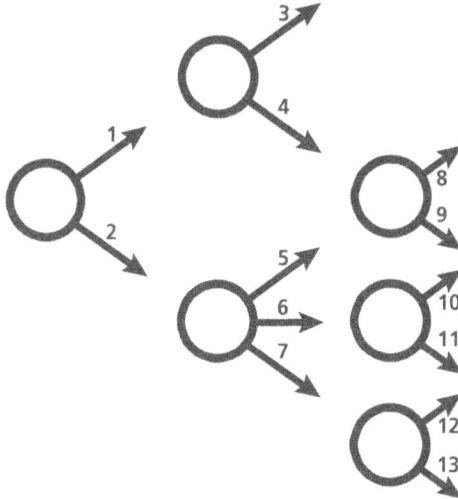

1. Hacer la fiesta en el departamento
2. Hacer la fiesta en el country
3. Llueve – Relativa incomodidad pero los invitados están contentos (no habría arre-
pentimiento)
4. No llueve – Relativa incomodidad (y lamentando no haber hecho la fiesta en el
country club)
5. No alquilar carpa
6. Alquilar carpa costosa
7. Alquilar carpa barata
8. Llueve – Desastre
9. No llueve – ¡Bárbaro!
10. Llueve – Mayor costo pero estamos bien cubiertos
11. No llueve – Además del mayor costo la carpa reduce el parque
12. Llueve – Menor costo pero no estamos tan bien cubiertos
13. No llueve – Menor costo y la reducción del parque es menor

En el ejemplo, el primer nodo y el segundo de abajo implican decisiones a tomar; los
demás nodos entrañan eventos aleatorios (llueve o no llueve).

En la caracterización de las ramas es ilustrativo sintetizar los resultados respectivos.

El ejemplo precedente es sencillo. Cuando las decisiones son más complejas los árboles también lo son, pero entonces su utilidad es muy grande (ejemplos concretos de
árboles de decisión se utilizan en la exploración petrolera, las decisiones sobre el di-
mensionamiento de importantes plantas, la investigación en drogas básicas, etcétera).

Cadena de medios-fines

¿Para qué?

¿Qué?

¿Cómo?
(Alternativas)

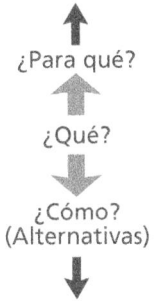

Muchas veces se plantea la duda acerca de si algo es un medio o es un fin. Pero a medida que se profundiza el análisis se percibe con más claridad que, en términos absolutos, virtualmente nada es un medio o un fin; que algo es un medio con relación a objetivos superiores, y que asimismo es un fin respecto de los instrumentos para lograr ese algo. Lo antedicho implica que para cualquier planteo puede elaborarse una cadena de medios-fines. Esta elaboración puede ser bastante útil para enfocar la problemática, clarificar objetivos, generar alternativas, etcétera.

Supongamos que comenzamos exponiendo un problema: *los costos son demasiado altos*, que es expresable en términos de un objetivo: *reducir los costos*. Entonces podemos plantearnos dos preguntas: *¿para qué deseamos reducir los costos?* y *¿cómo podemos hacerlo?* Pudiendo darse respuestas como las siguientes:

- (PARA QUÉ) *Aumentar las ganancias*.

- (CÓMO) *Mejorar la eficiencia de los procesos productivos*.

La respuesta a la pregunta PARA QUÉ nos lleva a un objetivo de nivel superior; si convencionalmente decimos que el objetivo de reducir los costos pertenece a un nivel 10, el de aumentar las ganancias correspondería a un nivel 11. Por el contrario, la respuesta a la pregunta CÓMO nos lleva a un objetivo de nivel inferior, en el ejemplo digamos 9.

Dadas las respectivas respuestas a PARA QUÉ y CÓMO, estos mismos interrogantes pueden volver a formularse, dando lugar a la identificación de objetivos de nivel más superior e inferior, respectivamente. Continuando con los ejemplos:

- El PARA QUÉ de aumentar las ganancias podría ser *incrementar el retorno de la inversión* (nivel 12).

M 03

- El CÓMO de mejorar la eficiencia de los procesos podría ser *incorporar nueva tecnología* (nivel 8).

Y cabe proseguir para arriba y para abajo. Por ejemplo:

- El PARA QUÉ de incrementar el retorno de la inversión podría ser *pagar mayores dividendos a los accionistas* (nivel 13).

- El CÓMO de incorporar nueva tecnología podría ser *desarrollar internamente la tecnología necesaria* (nivel 7).

Tal proceso ofrece la posibilidad de reconocer objetivos de nivel 14, 15, etcétera (respuestas a PARA QUÉ) y de nivel 6, 5, etcétera (respuestas a CÓMO). Con los ejemplos precedentes se ha formado una cadena de objetivos que van desde el nivel 13 al 7, o viceversa (pudiendo expandirse aún más tanto hacia arriba como hacia abajo). Pero ahora nótese que cualquiera de dichos objetivos representa un PARA QUÉ o un CÓMO, dependiendo de su punto de referencia, a saber:

- El objetivo 13, pagar mayores dividendos, es un PARA QUÉ respecto del 12, pero podría ser un CÓMO con relación a un objetivo superior; por ejemplo, *responder a la preferencia de los accionistas* (nivel 14).

- Lo mismo ocurre con el 12, que constituye un PARA QUÉ del 11 y al mismo tiempo un CÓMO del 13; y así sucesivamente.

Por otra parte, la pregunta CÓMO abre la puerta a la concepción de caminos alternativos. En el ejemplo de este módulo incluimos un cuadro que ilustra este fenómeno a partir de los ejemplos traídos y agregando posibles CÓMO alternativos.

M 58 - pág. 130 ◀•• La aplicación de la cadena de medios-fines es un recurso muy útil en la etapa de examen de la problemática del proceso RP/TD. Dado el planteo preliminar de un problema, existe el riesgo de limitar el enfoque a tal planteo. En el ejemplo traído arriba podría ser reducir los costos, y a partir de aquí concentrarse en CÓMO hacerlo. Sin embargo, si se pregunta PARA QUÉ (respuesta: aumentar la ganancia) y luego se pregunta CÓMO (aparece: expandir las ventas), se amplía el enfoque del problema, incrementándose el campo de las soluciones encarables.

En síntesis, la elaboración de una cadena de medios-fines se basa en la formulación de dos preguntas: PARA QUÉ, a efectos de ir hacia arriba, y CÓMO, a efectos de ir hacia abajo. Por lo tanto, la mecánica es relativamente simple.

La observación de la cadena de medios-fines nos lleva a una conclusión: no es tan importante definir por dónde empezamos el análisis, sino dónde "lo cortamos". En efecto, cualquiera sea el punto de partida, si desarrollamos la cadena adecuadamente, llegaremos más o menos a la misma estructura. En cambio, el corte puede traer aparejadas cuestiones complejas, tanto arriba como abajo. Si seguimos preguntando PARA QUÉ, nos acercamos a objetivos cada vez más trascendentes, pero también cada vez más generales, y esto implica la posibilidad de diluirnos en el análisis. Por otra parte, si continuamos preguntando CÓMO, aunque precisemos las acciones a tomar, podemos caer en un grado de detalle inadecuado para nuestra función. En cada situación, la decisión de dónde cortar el análisis, tanto arriba como abajo, dependerá de las circunstancias.

La cadena de medios-fines también nos sirve de base para ilustrar el concepto siguiente. Según la metodología de RP/TD, la decisión (elección de un curso de acción) es la culminación de la segunda etapa del proceso. Sin embargo, tal decisión a su vez representa un objetivo, el cual suele implicar un problema (brecha entre el objetivo y la situación). Y este problema puede enfocarse como una cuestión de implementación o como la primera etapa de un nuevo proceso. Y así sucesivamente. El enfoque que se adopte es convencional, al menos en parte.

•• ▶   M 11 - pág. 45

•• ▶   M 62 - pág. 138

Consideremos ahora algunas de las ventajas de la cadena de medios-fines:

1. Ayuda a relacionar un objetivo de un determinado nivel con otro de un nivel más alto. De esta manera, se amplía la visión y se tiende a que la solución de los problemas contribuya al logro de los objetivos fundamentales de la organización. Por ejemplo, evita enfocar la tecnología como un fin en sí mismo y la convierte en un medio para lograr un fin.

2. Estimula el desarrollo de alternativas.

3. Ayuda a transformar objetivos generales en acciones específicas realizables.

4. Pone de manifiesto las interrelaciones que deben ser consideradas. Por ejemplo, podríamos considerar una inversión importante en equipos para mejorar los métodos de trabajo, aumentando de este modo la eficiencia y, por consiguiente, disminuyendo los costos. Sin embargo, teniendo en cuenta nuestra intención de reducir la inversión como un medio para aumentar su retorno, podríamos decidir que la opción de invertir en equipos no es la mejor.

5. Contribuye a delimitar la información que debe reunirse y ayuda a proveer un sistema para su organización.

Sin perjuicio de las ventajas de la cadena de medios-fines, debemos aclarar sus limitaciones:

1. La cadena en sí misma no implica la evaluación de los objetivos ni de las alternativas, si bien puede ayudar a tal fin.

1. El enlace con objetivos de nivel superior tiende a complicarse por la existencia de objetivos contradictorios. Por ejemplo, la realización de una inversión puede favorecer el crecimiento a largo plazo, pero perjudica la rentabilidad a corto plazo. Esto deriva en una intrincada red que puede adquirir características sumamente complejas.

3. Cadena de medios-fines – Ejemplo

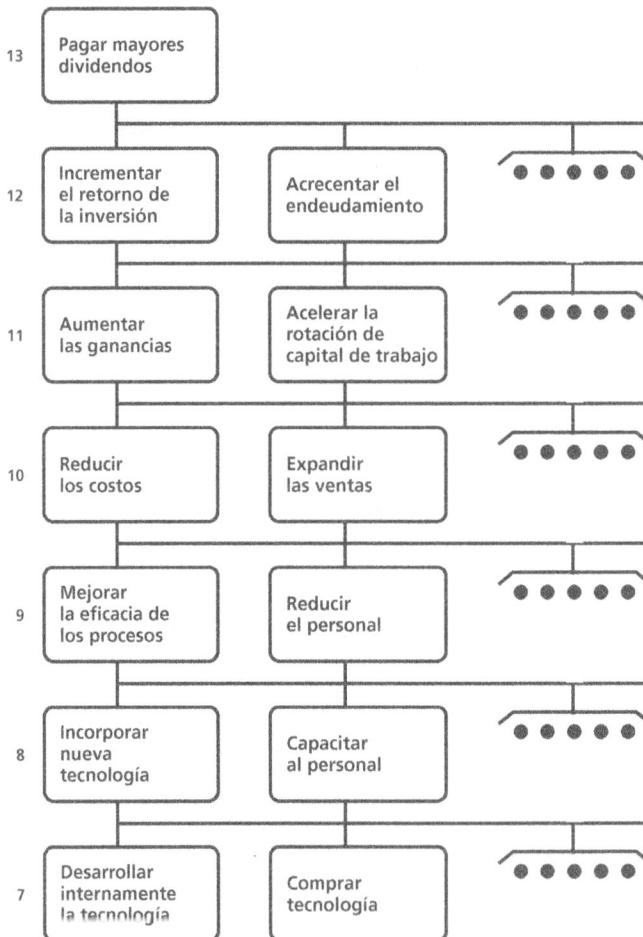

Campo de fuerzas
Análisis

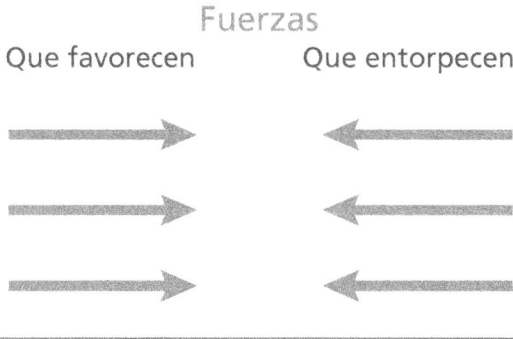

Fuerzas

Que favorecen   Que entorpecen

El "análisis del campo de fuerzas" es un método desarrollado por Kurt Lewin aplicable a un proceso de RP/TD, especialmente con respecto a la implementación del cambio de una situación a otra. El método consiste en lo siguiente:

••▶ M 66 - pág. 147
••▶ M 28 - pág. 74

- Identificar por un lado las fuerzas que favorecen el cambio (o impulsoras o positivas), y por otro lado las que lo entorpecen (o represoras o negativas).

- Ponderar la influencia relativa de dichas fuerzas.

- Desarrollar los cursos de acción específicos que dirijan el cambio en la dirección deseada.

La identificación se suele registrar en una hoja con una raya al medio, colocando a la izquierda las fuerzas que favorecen y a la derecha las que entorpecen. Para resaltar el sentido de las fuerzas, a cada una de las que favorecen se les agrega una flecha que apunta hacia la derecha y a las que entorpecen una que apunta hacia la izquierda.

Cabe expresar la ponderación de la influencia relativa asignando puntaje a cada fuerza.

Los cursos de acción pueden ser:

- Reducir o eliminar las fuerzas que entorpecen.

- Potenciar las fuerzas que favorecen.

- Generar nuevas fuerzas que favorezcan.

- Una combinación de lo anterior.

M 04

La experiencia ha demostrado que, si aumentan las fuerzas que favorecen, existe la probabilidad de que ello produzca una reacción contraria –o sea, un incremento en las fuerzas que entorpecen–. Por eso suele ser una buena estrategia reducir o eliminar las fuerzas que entorpecen.

El análisis de las fuerzas del campo es aplicable también en otras etapas del proceso de RP/TD:

M 66 - pág. 147 ◄••

M 58 - pág. 130 ◄•• • En la etapa del examen de la problemática con relación al objetivo correspondiente.

M 12 - pág. 46 ◄•• • Para profundizar la evaluación de cursos de acción propuestos, analizando por separado cada curso de acción en términos de fuerzas que pueden favorecer y fuerzas que pueden entorpecer su eventual aplicación.

Causalidad y correlación*

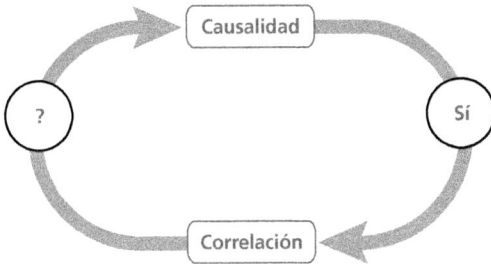

Según el *Diccionario de la Real Academia Española*, causalidad es (primera acepción) "causa, origen, principio", y causa es (primera acepción) "aquello que se considera como fundamento u origen de algo".

Ejemplo:

- La lluvia puede ser la causa de que el jardín esté mojado.

- La gripe puede ser la causa de que tengamos fiebre.

- Los buenos resultados pueden ser la causa de la suba en el valor de las acciones de una empresa.

A veces las causas pueden ser difíciles de determinar:

- Alguien puede haber regado el jardín.

- La fiebre puede deberse a otra enfermedad.

- Las acciones de la empresa pueden haber subido por un incremento de la demanda orientada al control societario.

Correlación

Es una medida de la tendencia entre variables a moverse en el mismo sentido o en sentido opuesto. La medida estadística de la correlación (lineal) es un número que puede ir de "1" a "-1", siendo "1" la correlación perfecta positiva (cuando las

---

* Este módulo fue elaborado por Edgardo Sanguineti, a pedido del autor del libro.

variables se mueven siempre en el mismo sentido y proporcionalmente), "0" –cero– (cuando no existe correlación) y "-1" (cuando una variable sube y la otra baja respetando la proporcionalidad). La correlación es una medida estadística de la fuerza o intensidad de la relación entre las variables.

Relación entre causalidad y correlación

La correlación no necesariamente implica causalidad. En efecto, cabe que dos variables estén fuertemente correlacionadas y, sin embargo, no existir una relación de causalidad entre ellas; entonces se dice que la correlación es espuria. Por ejemplo, si llevásemos a cabo una investigación entre un grupo de niños de 9 a 13 años (sin clasificar por edad) para analizar los factores que influyen sobre su maduración intelectual, notaríamos que la altura está correlacionada con dicha maduración. Esa correlación es espuria porque la relación real es entre la edad y la maduración intelectual; lo que pasa es que la edad está relacionada con la altura; por eso quedan la edad y la maduración intelectual correlacionadas espuriamente.

Por otro lado, en general, cuando hay causalidad hay correlación.

Costo de oportunidad*

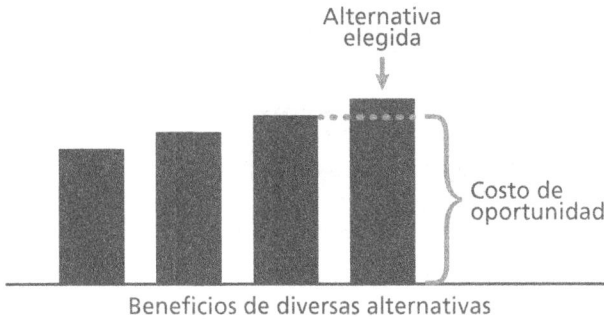

Beneficios de diversas alternativas

Concepto

El costo de oportunidad se define como sigue.

- Habiendo alternativas de decisión: A1, A2,…, An,

- cada una de las cuales, de ser elegida, produciría un determinado resultado: R1, R2,…, Rn,

- el costo de oportunidad de una alternativa (supongamos R2) es el resultado de la alternativa con mejor resultado entre las restantes.

Ejemplo

Una persona está decidiendo si invertir o no un millón de dólares en un negocio X, y tiene la posibilidad de colocar ese importe al 2% de interés real en el banco Y o al 3% en el banco Z. Este 3% que deja de ganar sería el costo de oportunidad de la inversión en el negocio X.

Extensión del concepto

Muchas veces, al considerar el costo de oportunidad se incluyen aspectos no clara-mente medibles en dinero. Así, un ejecutivo que tiene la oferta de ser trasladado a otro país con su familia, puede considerar como costo de oportunidad todos los be-neficios no económicos que pierde con el traslado (además de los económicos); por ejemplo, la cercanía de su familia con amistades y parientes, la nostalgia por el lugar de origen, etcétera.

---

* Este módulo fue elaborado por Edgardo Sanguineti, a pedido del autor del libro.

Costo hundido*

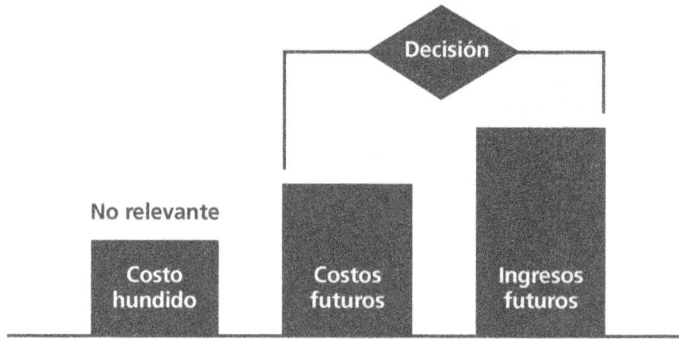

Concepto

El costo hundido es una erogación en la que se incurrió en relación con cierta inversión y que solo podrá recuperarse por medio de los ingresos generados por la inversión.

Ejemplos

Una empresa encargó una máquina valuada en $ 1.000.000 abonando una seña de $ 200.000, que no tiene devolución. Antes de recibirla, tiene una oferta por otra máquina de similares características que cuesta $ 900.000. A la empresa le conviene adquirir la primera máquina aunque su costo total sea $ 100.000 mayor, porque las verdaderas alternativas de que dispone son pagar $ 800.000 (el resto) por la primera o $ 900.000 por la segunda (los $ 200.000 ya no los puede recuperar directamente sino por medio de los resultados de la inversión).

Un inversor compró acciones de una compañía por $ 500.000. Luego las acciones cayeron; su precio de mercado es ahora de $ 300.000 y no se espera que suban. Un accionista le ofrece pagar $ 400.000 por esas acciones porque disponiendo de ellas logrará tener el control de la compañía. Si el inversor decide no vender las acciones solamente porque él pagó $ 500.000 y ahora está recibiendo nada más que $ 400.000, está cometiendo un error. El costo en que incurrió para comprar las acciones es un costo hundido, que no debería considerar en su decisión (corresponde tener en cuenta el actual valor de mercado y las perspectivas de obtener un mayor precio en el futuro y no el monto pagado).

Importancia del concepto

Es común que, por motivos emocionales o por simple error de lógica, se consideren inadecuadamente los costos hundidos para tomar decisiones, lo que llevaría, en el

---

* Este módulo fue elaborado por Edgardo Sanguineti, a pedido del autor del libro.

primer ejemplo, a comprar la segunda máquina porque en sí es más barata (aunque la empresa terminará abonando más: la seña más el precio de la máquina, o sea, $ 1.100.000); y, en el segundo ejemplo, llevaría al inversor a no vender para no asumir el efecto psicológico de una pérdida de $ 100.000, cuando en realidad ya sufrió una pérdida de $ 200.000 (porque las acciones que compró a $ 500.000 ahora valen $ 300.000).

Consideración final

Cuando uno tiene que decidir si seguir llevando adelante un proyecto de inversión o interrumpirlo, es válido computar los costos y gastos para los cuales existe discrecionalidad de incurrir o no en ellos. En cambio, los costos hundidos no se deberían tomar en cuenta respecto de la decisión.

A veces se sigue invirtiendo aunque la inversión ya se vislumbra como un fracaso y no se espera recuperar ni los costos futuros. Ello se debe a que se omite reconocer que los costos hundidos se han perdido irremediablemente.

Otras veces se deja de invertir aunque se supone que los ingresos futuros (de completarse la inversión) superarán los costos en los que se ha de incurrir. Ello se debe a que se compara el costo total (costos hundidos más costos futuros) con el beneficio total. Sin embargo, en este caso conviene seguir adelante con la inversión, porque, a través de sus resultados, no solo se recuperarán los costos futuros sino también parte de los hundidos (aunque no todos).

Creatividad e innovación

Creatividad　　　　　　**Innovación**

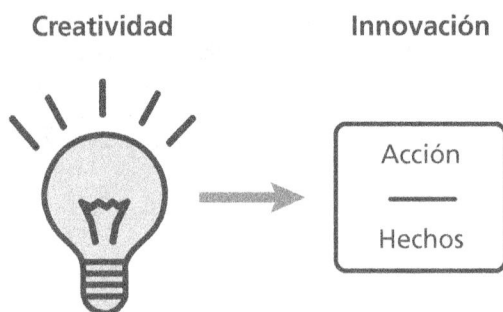

La creatividad pertenece al campo puramente cognitivo. Implica ideas nuevas. Abarca un continuo que va desde una pequeña modificación de una idea previa hasta una idea completamente nueva o revolucionaria.

La innovación trasciende el campo cognitivo. Requiere llevar la creatividad, propia o ajena, a la acción, al terreno de los hechos. La innovación entraña no solo creatividad, sino también disposición a tomar riesgos, flexibilidad / adaptación al cambio, iniciativa / proactividad, optimismo y tenacidad / perseverancia.

El tema de la creatividad incluye:

- Su consideración como elemento de la inteligencia.

- El análisis de las barreras personales y del contexto que atentan contra su desarrollo.

- El empleo de técnicas individuales y grupales que favorecen la creatividad.

A su vez, el tema de la innovación comprende:

- El examen del proceso de innovación, que va desde la creación de las primeras ideas hasta la aplicación efectiva del producto del proceso.

- El rol de la tecnología al respecto, como *input* y como *output* de la innovación.

- La función de la innovación en todos los ámbitos de la vida personal, de las organizaciones y de la sociedad.

- La gestión del cambio tendiente a favorecer el desarrollo y la aplicación efectiva de la innovación.

Estos temas ofrecen un alcance tan amplio que trasciende el marco de esta obra. Por ello hemos decidido tratarlos en otro libro de módulos.

Cursos de acción
Concepción

M 8 - pág. 40   ◀••

La concepción de cursos de acción posibles es el paso de la etapa que demanda mayor creatividad. Aquí debemos tener en cuenta que suelen existir dos barreras importantes contra la creatividad.

La primera barrera la constituye la evaluación prematura. Esto es particularmente válido en los procesos grupales. Por ejemplo, si alguien propone una idea y a continuación otro la desacredita, es probable que el proponente se sienta intimidado ante la posibilidad de lanzar una segunda idea; y es probable también que un tercero sienta lo mismo, por temor al ridículo o una razón similar.

La segunda barrera contra la creatividad está dada por la tendencia común a encarar los problemas sobre la base de ciertos patrones o rutinas que son familiares, con los cuales uno se siente más confortable. Esto les suele ocurrir tanto a los grupos como a los individuos.

Además, existen factores emocionales que atentan contra la creatividad, como ser la impaciencia, la timidez, el miedo a tomar riesgos, la falta de confianza en sí mismo, la carencia de interés, etcétera.

Por ello es importante el empleo de técnicas que favorezcan la creatividad. Existen técnicas individuales como la suspensión, la cinemática, la asociación de ideas, los sueños deliberados, la oposición, la morfología, la transformación, etcétera. También existen técnicas grupales como el *brainstorming* (tormenta de ideas), la sinéctica, la técnica del grupo nominal, etcétera.

Cursos de acción
Desarrollo

M 10

⏪
Módulo
antecedente
66

Concepción   **Evaluación**   **Elección**

La primera etapa del proceso RP/TD, que denominamos examen de la problemática, debe culminar con una clara definición de los problemas a resolver; vale decir, de la brecha entre objetivo y situación actual o proyectada. En la segunda etapa corresponde desarrollar los cursos de acción que habrán de superar la brecha.

La etapa de desarrollo de cursos de acción comprende tres pasos:

1. Concepción de cursos de acción posibles.

••▶   M 9 - pág. 42

2. Evaluación de los cursos de acción concebidos.

••▶   M 12 - pág. 46

3. Elección del curso de acción a seguir.

••▶   M 11 - pág. 45

Ciertos textos indican dos pasos previos, en adición a los tres indicados, a saber:

1. El enunciado de la decisión a tomar.

2. La identificación de criterios para la evaluación.

El enunciado de la decisión surge de la definición del problema, que para nosotros es la culminación de la etapa inmediata anterior: el examen de la problemática. Es lógico que los textos que plantean el desarrollo de cursos de acción (o análisis de la decisión) como un proceso separado establezcan el paso previo de enunciar la decisión. Nosotros, dado que planteamos el desarrollo de cursos de acción a continuación de la definición del problema, con este proceder damos por sentado el enunciado de la decisión.

En cuanto a la identificación de los criterios para la evaluación, ella puede incluir:

- Restricciones y otras pautas en cuanto al empleo de recursos (humanos, financieros, físicos, etcétera).

- Principios, políticas y otras reglas que deban cumplirse.

- Atributos o estándares que tiene que satisfacer el producto objeto de la decisión.

- Otros objetivos que corresponda considerar.

El anticipo de tales criterios tiene sus ventajas y desventajas. Una razón para identificar dichos criterios antes de concebir y evaluar los cursos de acción es que ello permite una discusión más objetiva de los criterios, antes de que las partes involucradas tomen posiciones rígidas en favor o en contra de ciertas alternativas. Otra razón es que la falta de anticipación de los criterios hace que se discutan cursos de acción que luego resultan inconvenientes en función de los criterios; la anticipación de estos, en cambio, tiende a evitar esa pérdida de tiempo.

Sin embargo, la identificación de los criterios antes de la concepción de cursos de acción puede atentar contra la riqueza de dicha concepción; y esto, a su vez, redundar en una decisión inferior. Además, la fijación de criterios sin cursos de acción a la vista puede quedar limitada a generalizaciones, obviedades o ambigüedades de escaso valor a los fines del proceso. Quizá por este motivo es que la identificación de los criterios antes de la concepción y la evaluación de cursos de acción se da pocas veces en la práctica.

En nuestra opinión, dicho anticipo es preferible solo cuando los criterios son operativos y no atentan contra la creatividad necesaria para la concepción de alternativas. Por ejemplo, si la decisión a tomar consiste en cómo cubrir la vacante de un puesto de trabajo, es probable que convenga establecer criterios en cuanto a los requisitos del candidato, rango de remuneración, etcétera, antes de concebir y evaluar alternativas.

Cursos de acción
Elección

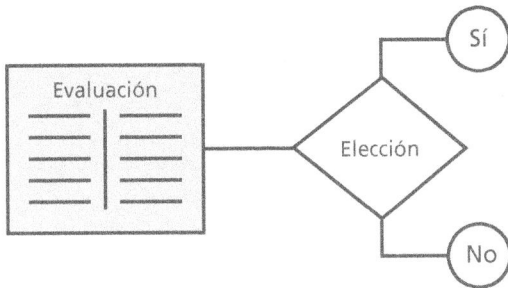

En el análisis de cursos de acción hay un punto de inflexión que representa el pase de la evaluación a la elección. Por supuesto que esto es relativo, porque durante la evaluación uno tiende a encaminar la elección; y, por otro lado, uno puede rever la elección tomada, lo cual significa que vuelve a evaluar. Sin embargo, la idea del punto de inflexión es útil para introducir el concepto siguiente.

Durante la evaluación es conveniente adoptar una posición ecléctica, tratando de ponderar adecuadamente los pros y los contras de cada alternativa. En este orden, suele ocurrir que una alternativa sería preferible siempre y cuando se den ciertas condiciones favorables. Por ejemplo, el desarrollo de una línea de productos ofrece perspectivas muy atractivas, sujeto a que no intervenga en el mercado un competidor potencial poderoso. Durante la evaluación es completamente válido decir algo así: "me inclino por invertir en el desarrollo de la línea de productos, si evitamos la competencia de...". Pero al momento de la elección tal tipo de declaración no sería correcta. Ahora hay que jugarse: o se decide invertir o se decide no invertir. La conclusión puede tener condicionamientos, mas solo en términos de medidas concretas que tiendan a reforzar el curso de acción elegido. Pero no cabe concluir sujetos a una condición fuera de control. Esto es una parodia de decisión.

Hay personas que tienen buena capacidad analítica y que manejan en forma inteligente el examen de los pros y los contras de cada alternativa. Ellas son provechosas durante el paso de la evaluación. Sin embargo, algunas de esas personas tienen dificultades para elegir un curso de acción (por miedo a la ambigüedad y la incertidumbre, falta de convicción o de coraje, etcétera). Entonces acostumbran a ocultar su indecisión por medio de conclusiones ambiguas.

Cursos de acción
Evaluación

Alternativas	Proyección de efectos	Identificación		Importancia relativa
		Pros	Contras	

La evaluación de cursos de acción requiere:

* La proyección de sus efectos.

* Su ponderación en función de los criterios pertinentes.

La proyección de los efectos debe incluir el examen anticipado de los problemas de implementación que puedan afectar la decisión. Si la implementación se maneja como una tercera etapa, posterior a la decisión clave, siempre cabe la posibilidad del reciclaje; o sea, la revisión ulterior de la decisión clave, a raíz de los inconvenientes de implementación que ella acarrea.

Para la proyección de los efectos hay dos preguntas fundamentales:

1. ¿Qué puede pasar? (con este curso de acción).

2. ¿Qué podemos hacer si pasa tal cosa?

En el idioma inglés, estas dos preguntas se suelen resumir con la combinación *So what? What if?* Ellas pueden derivar en un análisis de problemas potenciales.

La ponderación de las alternativas debe hacerse en función de los criterios pertinentes, los cuales comprenden:

* Restricciones y otras pautas en cuanto al empleo de recursos.

* Principios, políticas y otras normas que deban cumplirse.

* Atributos o estándares que tiene que satisfacer el producto objeto de la decisión.

* Otros objetivos que corresponda considerar.

La evaluación de alternativas a través de métodos cuantitativos resulta útil para profundizar el análisis y desarrollar la objetividad. Sin embargo, no deben perderse de vista las limitaciones que suelen tener dichos métodos. Por ejemplo, en determinadas situaciones, la evaluación de objetivos deseados es algo bastante convencional o arbitrario. Pero, una vez asignada, existe cierta tendencia a olvidar tal limitación, y luego la ponderación numérica de las alternativas puede dar lugar a una falsa y peligrosa impresión de objetividad.

El análisis del campo de fuerzas, que presentamos en el módulo respectivo como un instrumento para el análisis de problemas, es utilizable también a los efectos de evaluar cursos de acción. Para cada alternativa se analizan las fuerzas que favorecen y que entorpecen, o que pueden llegar a favorecer y entorpecer.

M 4 - pág. 33

Asimismo, el esquema de análisis estratégico, examinado con respecto al aprovechamiento de oportunidades y la planificación estratégica, es aplicable también para la evaluación de posibles cursos de acción. Así, cada escenario alternativo es objeto del análisis externo (oportunidades y amenazas) y del análisis interno (fuerzas y debilidades).

M 1 - pág. 24

Entre el análisis del campo de fuerzas y el esquema de análisis estratégico, existe cierto grado de solape. Las fuerzas que favorecen o pueden llegar a favorecer tienden a identificarse con las fortalezas internas y las oportunidades externas. Y ocurre lo propio entre las fuerzas que entorpecen o pueden llegar a entorpecer con respecto a las debilidades internas unidas a las amenazas externas. En este sentido, el esquema de análisis estratégico ofrece la ventaja de diferenciar los factores internos de los externos, provocando que no se descuiden estos últimos, como suele acontecer.

Un buen procedimiento para resumir la evaluación de las alternativas es practicar un inventario de los pros y los contras significativos de cada una. En general, es factible realizar este inventario de una manera bastante objetiva (por ello, es habitual que un grupo se ponga de acuerdo al respecto). Las dudas o discrepancias de fondo en la evaluación no suelen radicar en el inventario en sí, sino en la importancia relativa que se otorga a cada pro o contra. Y las dudas o discrepancias giran principalmente en torno a:

- El valor de probabilidad que se asigna a determinados acontecimientos involucrados en las respectivas alternativas.

- El peso relativo que se atribuye a los criterios que sirven de base para la ponderación.

- La disposición a asumir riesgos.

En general, las personas, cuando tienen que tomar una decisión, están más preocupadas por las consecuencias negativas que por las ventajas potenciales. Vale decir que se observa cierta tendencia a adoptar actitudes conservadoras. En consecuencia, las ventajas potenciales de una decisión deben superar con mucho las desventajas, a fin de inclinar la balanza. En estas condiciones, es probable que innumerable cantidad de buenas ideas mueran diariamente por no poder superar dicha barrera. En el proceso decisorio debe prestarse atención a esta observación, a fin de evitar que un conservadurismo exagerado atente contra la calidad de la decisión.

Es viable elegir el curso de acción a seguir sin recurrir a *rankings*, simplemente identificando aquel que se considera preferible. Puede, en cambio, hacerse un *ranking*, generalmente basado en la fijación de puntajes para cada alternativa. Estos puntajes, a su vez, suelen resultar de la suma de puntos que se asignan como medida del grado en que la alternativa satisface los criterios establecidos. Al respecto nos remitimos M 13 - pág. 49 ◀•• al módulo CURSOS DE ACCIÓN – MATRIZ DE ALTERNATIVAS Y CRITERIOS DE EVALUACIÓN.

Una manera de llegar a un *ranking* es mediante una especie de *fixture*, en donde cada alternativa se confronta respectivamente con las demás, al igual que se enfrentan los equipos de fútbol en un campeonato por puntos de una sola rueda.

Cursos de acción
Matriz de alternativas y criterios de evaluación

Alternativas	Criterios					Total
	A	B	C	D	E	
I						
II						
III						
IV						
V						
VI						

La relación entre criterios y alternativas puede analizarse en una planilla con forma de matriz (en inglés, esta planilla suele llamarse *checkerboard*). Como desglose o tabulado horizontal, se asigna una columna a cada criterio a considerar. Como desarrollo vertical, se asigna una línea a cada alternativa. En cada "cruce" o "casillero", se sintetiza el comentario referente a cómo juega el criterio en cuestión (columna) respecto de la alternativa examinada (línea). Esta planilla brinda una visión global comparativa que suele ser de utilidad. Además, los cruces o casilleros invitan a la creatividad para concebir aspectos no contemplados en un primer momento. Dicha planilla tendría la estructura que se muestra en el gráfico (suponiendo seis alternativas –I a VI– y cinco criterios –A a E–).

Es factible usar la planilla para asignar puntaje a cada cruce o casillero, representativo de la medida en que la alternativa satisface el criterio. De esta manera, se puede lograr un puntaje total para cada alternativa (línea), sumando los respectivos puntajes individuales de las columnas.

El cómputo del puntaje se puede sofisticar asignando valores numéricos a cada uno de los criterios, representativos de su importancia relativa. Entonces, el puntaje de cada cuadrante resulta del valor numérico asignado al criterio multiplicado por el valor numérico asignado a la alternativa, en cuanto al grado en que ella satisface el criterio.

Un refinamiento es clasificar los criterios de evaluación en obligatorios y deseados. Entonces, a los fines de la evaluación, se ponderan los cursos de acción en función de:

1. Si cumplen con los criterios obligatorios. La alternativa que no los cumple se descarta.

M13

2. En qué medida responden a los criterios deseados. Y, a su vez, el valor numérico de estos sirve de base para asignar puntaje a cada alternativa.

Por otra parte, cabe asignar puntaje a los criterios obligatorios. De esta manera, en el caso de que se cumplan, ellos también son ponderados dentro del puntaje total. Por ejemplo, supongamos que los criterios A y B se consideran obligatorios, en tanto que C, D y E se califican solo como deseados.

Diagrama de espina de pescado*

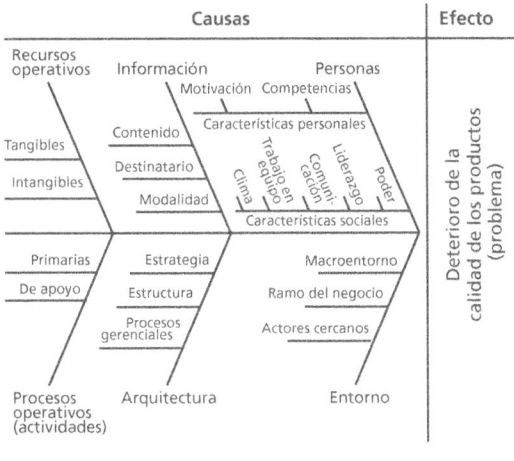

El diagrama de espina de pescado, llamado también diagrama de causa-efecto o de Ishikawa (su creador), consiste en una representación gráfica de las causas de un determinado efecto, que tiene la forma ilustrada en el gráfico (que semeja la estructura de las espinas de un pescado).

El propósito del diagrama es abrir las causas en sucesivos niveles de detalle (como se muestra en el gráfico), profundizando hasta el nivel deseado en cada caso (no todas las causas necesitan detallarse al mismo nivel). Tenemos entonces causas primarias, secundarias, terciarias, etcétera. No es necesario poner todas las causas, sino solamente las relevantes para la decisión en cuestión. También se puede ponderar la importancia de las distintas causas.

Este gráfico es una ayuda valiosa para realizar un análisis en grupos. El proceso de construcción suele ser el siguiente:

1. Identificar y sintetizar el efecto que representa el problema analizado.

2. Indicar las causas primarias más relevantes.

3. Detallar las principales causas secundarias y terciarias.

4. Ponderar las causas.

5. Revisar críticamente lo graficado.

A partir de allí, se desarrolla el proceso de toma de decisiones considerando las causas y su efecto. El análisis subsiguiente puede originar la revisión del gráfico.

---

* Este módulo fue elaborado por Edgardo Sanguineti, a pedido del autor del libro.

Eficacia, eficiencia, productividad y efectividad

M 41 - pág. 98 ◀••

En el módulo MODELO DE SISTEMAS distinguimos el sistema del macrosistema, e indicamos los elementos fundamentales del primero: gobierno, recursos (*input*), procesos, producto (*output*) y resultados. Ahora dicho módulo nos sirve de base para establecer los conceptos de eficacia, eficiencia, productividad y efectividad.

El sistema o su gobierno tienen objetivos, explícitos o implícitos. Los objetivos principales pueden ser de dos clases: inherentes al *output* e inherentes a los resultados. Los primeros se refieren a la entrega de productos al macrosistema. Los segundos, al impacto del flujo sobre el valor de los recursos. Por ejemplo, en una empresa con propósito de lucro, la satisfacción de los clientes es un objetivo del *output*, mientras que la rentabilidad es un objetivo de resultados.

En general, se entiende que el concepto de eficacia se refiere a si se cumplió o no el objetivo perseguido. En cambio, el concepto de eficiencia se relaciona con la manera de cumplir el objetivo. La eficacia apunta a qué se logró. La eficiencia a cómo se logró. La eficiencia versa sobre la relación *input-output*, insumo-producto, costo-ingreso, etcétera.

En la medida en que se trate de objetivos del *output*, la diferencia entre eficacia y eficiencia es clara. Por ejemplo, si una empresa satisface debidamente a sus clientes decimos que es eficaz. Pero si lo hace gastando demasiado hablamos de ineficiencia. Sin embargo, la diferencia no es tan clara cuando se trata de objetivos de resultados, porque estos incluyen los costos (consumo o pérdida de valor de los recursos). Por lo tanto, el objetivo en sí comprende aspectos importantes de cómo se logra. Vale decir que el concepto de eficacia tiene cierto solape con el de eficiencia.

Los párrafos precedentes sirven para aclarar el concepto de productividad. En general, esta palabra se usa como sinónimo de eficiencia, en el sentido de la relación *input-output*, insumo-producto o costo-ingreso, y creemos que así debe ser. No obstante, algunos la usan también para caracterizar simplemente el volumen del *output*, sin tomar en cuenta la eficiencia; por ejemplo, cuando se dice que alguien es muy productivo porque produce mucho, y no se considera el tiempo o los demás insumos que demanda la producción.

Muchos consideran que eficacia y efectividad son sinónimos. Otros, por el contrario, hacen una distinción entre ambos términos. Para estos, el concepto de eficacia se circunscribe al cumplimiento de los objetivos del sistema, mientras que la efectividad incorpora la consideración de los objetivos del macrosistema. Por ejemplo, una actividad educativa puede haber sido eficaz porque cumplió con los objetivos del aprendizaje que se habían fijado; y, sin embargo, en última instancia no ser efectiva porque no provoca una mejora en el rendimiento de la organización.

Enfoque situacional

> **La elección adecuada
> depende de la situación**

Respecto de muchas cuestiones, especialmente en materia de management y comportamiento humano, corresponde distinguir tres niveles en cuanto al grado de generalización de cualquier respuesta a la cuestión planteada:

1. La generalización absoluta, constituida por una respuesta categórica a favor de una u otra posición, sin condicionamiento alguno. Por ejemplo, sostener que la organización matricial no funciona (a secas).

2. El enfoque situacional, donde la respuesta depende del tipo de situación, pero de todos modos hay margen para generalizar, pues cabe identificar los factores situacionales para definir si conviene un camino u otro.

3. El rechazo de cualquier generalización, porque la respuesta adecuada depende de cada caso específico.

Las generalizaciones con el agregado de "en general" o "excepto…" constituyen un nivel intermedio entre 1 y 2. Aquí lo crucial es el alcance de las excepciones:

- Si es muy limitado, la respuesta se aproxima al Nivel 1.

- Si es muy amplio, la respuesta tiende a solaparse con el Nivel 2.

Al respecto podemos decir:

1. Gran parte de las generalizaciones absolutas constituyen reduccionismos falaces; o bien, si son válidas, muchas de ellas entrañan perogrulladas sin valor agregado.

2. En general, el conocimiento complejo demanda una gran dosis de enfoque situacional. La mayoría de las descripciones, predicciones, valoraciones y prescripcio-

nes están condicionadas por factores que intervienen o pueden llegar a intervenir en la situación.

3. El rechazo de cualquier generalización entraña negar la posibilidad del conocimiento teórico. El verdadero aprendizaje implica que las personas deben integrar la teoría con la práctica, la conceptualización con la experiencia. Ello significa, por un lado, generalizar a partir de situaciones particulares y, por otro, aplicar dicha generalización a nuevas situaciones particulares. Es un permanente proceso de ida y vuelta, de lo particular a lo general, y viceversa.

••▶ M 71 - pág. 159

Por ejemplo:

1. Proponer que un gerente debe siempre tomar decisiones consensuadas ignora que en determinadas circunstancias ello puede ser contraproducente o incluso imposible. En cambio, es cierto que un buen gerente debe orientarse a los resultados; pero esto constituye una verdad de perogrullo.

2. La conveniencia de delegar o no una tarea depende de muchos factores que juegan en la situación: competencia y motivación del liderado, urgencia de la tarea a realizar, riesgos involucrados, etcétera. Sin embargo, cabe hacer generalizaciones válidas del tipo: "si la situación reúne tal o tales condiciones, en principio es preferible…; pero, en caso contrario, lo más aconsejable suele ser…". E incluso profundizar, en términos conceptuales, el alcance de las aclaraciones como "en principio" o "suele".

3. Si se argumenta que no corresponde hacer generalización alguna acerca de la conveniencia de delegar, no queda otra alternativa que remitirse a cada caso en particular. Y, de acuerdo con la hipótesis, el conocimiento resultante no necesariamente es aplicable a otros casos.

Estrategia de la organización
Contenido

M 41 - pág. 98 ◀••
En el módulo MODELO DE SISTEMAS, vimos que una organización puede enfocarse como a un sistema y a su entorno como al macrosistema, en donde:

- El *output* está dado por los productos (bienes tangibles y servicios) que la organización brinda a sus clientes o su equivalente (por ejemplo, los pacientes en un hospital o los alumnos en una escuela).

- El *input* consiste en los recursos que la organización obtiene de los proveedores y otras fuentes.

- El desempeño radica en el logro de los objetivos *vis a vis* los resultados y otros atributos perseguidos (eficacia, eficiencia, etcétera).

La estrategia de la organización se concentra en las decisiones de *más alto nivel*, que en general tienen efectos significativos a mediano o largo plazo, referentes a:

1. El *producto* (*output*) y su relación con el entorno (clientes, competencia, etcétera).

2. La obtención y utilización de *recursos* (*input* y proceso).

3. El *desempeño* a lograr.

La estrategia suele incluir los siguientes elementos:

1. La definición de un marco general, que se acostumbra expresar en términos de *misión, visión y valores*.

2. La definición específica de *objetivos y estrategias*.

56

Los párrafos siguientes comprenden ciertos conceptos fundamentales acerca de dichos elementos.

Visión

Visualización de una situación futura y deseable, que se aspira lograr en un horizonte más bien lejano, aunque no necesariamente esté claro el camino para ello. La idea es que la visión, o mejor dicho la visión compartida, opere como un factor poderoso de motivación para los miembros de la organización. La visión puede contener cualquier tipo de ingredientes; puede referirse a aspectos clasificables como misión, valores, objetivos, metas o estrategias, en los términos que se detallan a continuación.

Misión

Síntesis de la naturaleza del negocio. A grandes rasgos: en qué mercado opera la organización, a qué clientes apunta, qué necesidades de ellos pretende satisfacer, qué clase de productos ofrece, qué propiedades esenciales tienen esos productos, etcétera. La misión sirve especialmente de marco para las estrategias del *output* que se tratan más adelante.

Valores

Pautas de conducta. Son principios fundamentales que guían el comportamiento de la organización, como la búsqueda de la excelencia, el cumplimiento de las disposiciones legales, el respeto humano, etcétera.

Objetivos

Nivel de aspiración en cuanto al desempeño. Son resultados o atributos a lograr: rentabilidad, flujo de fondos, crecimiento, participación en el mercado, satisfacción de clientes, etcétera. Los objetivos pueden ser:

- Específicos, vale decir, mensurados (en función de un cálculo predeterminado) y acotados en el tiempo. A estos objetivos se los suele llamar "metas".

- No específicos, que no reúnen dichas condiciones.

La idea es convertir los objetivos no específicos en específicos o metas. Si esto no ocurre, los objetivos pueden representar valores, o sea, pautas de conducta.

Estrategias

Cursos de acción elegidos frente a un planteo de cursos de acción posibles. Es conveniente que las estrategias versen sobre *cuestiones estratégicas clave*: planteo de alternativas de cursos de acción de alto impacto. Dentro de las estrategias cabe distinguir:

- Las del *output* (elección de mercados, clientes y productos; estrategia competitiva; política de precios; desarrollo de canales de distribución, etcétera).

- Las del input, o sea la obtención y utilización de recursos (humanos, tecnología, financiamiento, etcétera).

Estrategia de la organización
Niveles

Estrategia corporativa
Asignación de recursos entre las UEN
y desarrollo de sinergias entre ellas

⬆ ⬇

Estrategias competitivas
de las unidades de negocios (UEN)

⬆ ⬇

Estrategias sectoriales
Funciones, regiones, líneas de productos, etcétera.

Dentro de la estrategia de la organización, se suelen distinguir tres niveles:

- El nivel central está dado por la estrategia de lo que se llama "unidad estratégica de negocios" (UEN). Una UEN opera con una misión específica en un mercado específico. A grandes rasgos, se diferencia de otras UEN en los siguientes aspectos: productos (bienes tangibles y servicios), clientes y sus necesidades, y competencia. El corazón de la UEN es la *estrategia competitiva*, referente a la elección de mercados, clientes y productos, y a cómo desarrollar ventajas competitivas.

- Una empresa o sociedad, o un conjunto de ellas, puede constituir una sola UEN o bien comprender varias UEN. En el segundo caso, se habla de *estrategia "corporativa"*. Este nivel superior de la estrategia se orienta principalmente a la asignación de recursos entre las UEN y a potenciar la sinergia entre ellas.

- El nivel inferior está dado por las estrategias sectoriales, que versan acerca de cómo los distintos sectores de la organización (funciones, regiones, líneas de productos, etcétera) se alinean para llevar a cabo las estrategias de nivel superior.

La estrategia corporativa enmarca las competitivas y ambas las sectoriales. Pero también existe una relación inversa, porque las sectoriales condicionan las competitivas, y estas, la corporativas.

Estrategia
Enfoque en distintos niveles de la organización

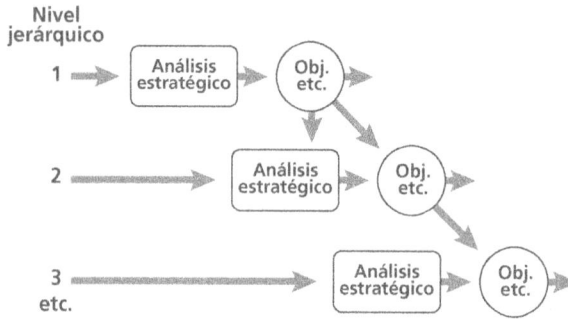

El planeamiento estratégico de una organización es una función básica de su alta gerencia. A partir de este planeamiento en la cumbre y a través de la estructura organizativa, cada área de responsabilidad debe elaborar en forma coherente su parte en el resto del planeamiento. Sin embargo, esta afirmación no debe hacernos pensar que la estrategia es algo que compete exclusivamente a la alta gerencia. Por el contrario, nuestra tesis es que el concepto de estrategia, en su sentido más amplio, es aplicable a todos los niveles gerenciales en lo concerniente a su respectiva área de responsabilidad. En los párrafos siguientes trataremos de ilustrar esta idea.

M 17 - pág. 56 ◀••
M 41 - pág. 98 ◀••
En el módulo ESTRATEGIA DE LA ORGANIZACIÓN – CONTENIDO partimos del MODELO DE SISTEMAS, presentado en el módulo respectivo. Con este marco, dijimos que dicha estrategia se concentra en las decisiones del *más alto nivel de la organización*, acerca del producto y su relación con el entorno, la obtención y utilización de recursos, y el desempeño a lograr. Cabe destacar que en este caso *el sistema es la organización*. Pero si el sistema focalizado se limita a un sector de la organización, hay decisiones de *más alto nivel respecto del sector* que no necesariamente pertenecen a la estrategia de la organización (su más alto nivel). Entonces, con el mismo criterio, desde el punto de vista del sector, estas decisiones forman parte de su estrategia particular. Por ejemplo, una alternativa fundamental en cuanto a cómo encarar la capacitación en la empresa probablemente no represente una cuestión estratégica clave que se deba incluir en el planeamiento estratégico de la organización; y tal vez tampoco lo sea para la Gerencia de Recursos Humanos; sin embargo, tal alternativa puede que sea la gran cuestión para la Gerencia de Capacitación; vale decir que es estratégica para esta.

Lo antedicho significa que, en sentido estricto, el límite entre el planeamiento estratégico y el resto del planeamiento es completamente ambiguo si no se lo refiere a un sistema determinado. Una misma cuestión bien puede pertenecer al campo del planeamiento estratégico de un sistema menor, pero no serlo con relación al planeamiento estratégico de un sistema mayor abarcativo de aquel.

Este enfoque está corroborado por lo que indicamos en el módulo OBJETIVOS – FIJA-   ••▶   M 42 - pág. 100
CIÓN – ANTECEDENTES. Allí sostenemos que el planeamiento de un sector incluye,
entre otras cosas, el análisis estratégico del sector.   ••▶   M 01 - pág. 24

Gestión del cambio

Cambio en los elementos de la organización

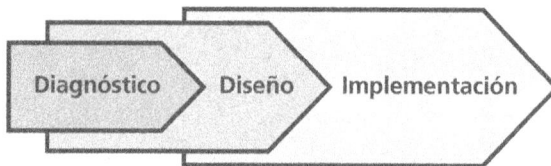

Se refiere al cambio en cualquiera de los elementos de la organización (estrategia, estructura, sistemas, etcétera). Su gestión comprende el diagnóstico de la situación actual y el diseño e implementación de la situación deseada, incluyendo las intervenciones pertinentes y el manejo de la transición.

Se entiende por intervención a una acción concreta que modifica uno o más elementos de la organización. Comprende un *verbo*, representativo de la acción, y un *sustantivo*, correspondiente al elemento intervenido. Hay intervenciones sobre personas (acciones directas sobre ellas, como la capacitación), sistemas de información, recursos operativos, procesos operativos, productos de la operación, estrategia, estructura y procesos gerenciales. Cabe aclarar que tienen la capacidad de un efecto cruzado; por ejemplo, una modificación de estructura afecta el comportamiento de las personas; y una buena comunicación facilita la aplicación de una nueva estructura.

La gestión del cambio requiere el armado de una configuración integral de intervenciones indispensable para el logro exitoso del cambio perseguido. Esto implica definir con precisión el por qué, el para qué, el qué, el cómo, el con qué, el quién, el cuándo, el cuánto y el dónde. El cuándo entraña no solo una cuestión de momento, sino también de secuencia: cuál intervención debe producirse primero y cuál después.

En dicho armado cabe distinguir la intervención o las intervenciones centrales de las demás intervenciones preparatorias, recurrentes y complementarias, que son necesarias para asegurar el éxito del proyecto. En general, en los proyectos significativos, tales intervenciones adicionales tienden a actuar sobre la mayoría de los elementos de la organización. Por ejemplo, es habitual que una reingeniería de procesos operativos (intervención central) requiera el rediseño de la estructura, ajustes en el planeamiento y control de las operaciones, adaptaciones en el régimen de evaluación y recompensas, el desarrollo del sistema de información, la reacomodación de recursos operativos, etcétera, así como también acciones directas sobre las personas afectadas por la reingeniería.

Gestión del conocimiento

Conocimiento individual   **Conocimiento organizacional**   **Aprovechamiento sistemático**

Sistema de información

Capitalización del conocimiento

La gestión del conocimiento versa sobre obtención, análisis, estructuración, registro, mantenimiento, disponibilidad y empleo del conocimiento. El conocimiento existente en la organización radica en dos lugares: en la mente de las personas y en los sistemas de información. Al primero se lo suele denominar "implícito" y al segundo, "explícito". Una función importante de la gestión del conocimiento es convertir conocimiento implícito en explícito; o sea, transferirlo del individuo al sistema de información, para facilitar su aprovechamiento sistemático por parte de todos los interesados, y para capitalizar conocimiento, aun cuando las personas se desvinculen de la organización y se lleven el conocimiento que poseen.

Gestión de los recursos humanos

Reclutamiento	Flujo interno	Desvinculación
Seguridad y salud	Capacitación y desarrollo	Evaluación y recompensas
	Comunicación	Relaciones laborales

La gestión de los recursos humanos comprende el planeamiento, la ejecución y el control de ciertas funciones orientadas a atraer, desarrollar y retener a las personas de la organización, en línea con su estrategia y como apoyo a la operación. A continuación se sintetizan dichas funciones.

- Flujo físico:
  Input – Reclutamiento (búsqueda, selección e incorporación).
  Flujo interno (asignaciones, transferencias, etcétera).
  Output – Desvinculación.

- Cuidado, crecimiento y motivación:
  Seguridad y salud.
  Capacitación y desarrollo.
  Evaluación y recompensas.

- Relaciones:
  Comunicación.
  Relaciones laborales.

Como marco de estas funciones, es conveniente identificar las *competencias* que deben tener las personas, tanto las genéricas, correspondientes a todos los miembros de la organización, como las específicas, atinentes a las respectivas tareas.

La gestión de los recursos humanos incluye la *gestión del talento*, que consiste en reconocer los talentos más vitales para la organización, con el propósito de atraer, desarrollar y retener a aquellos que reúnan las competencias pertinentes.

Gestión del riesgo

Objetivos ⟵ ¿Interferencias?

↑

Riesgos

Evitar
Reducir
Compartir

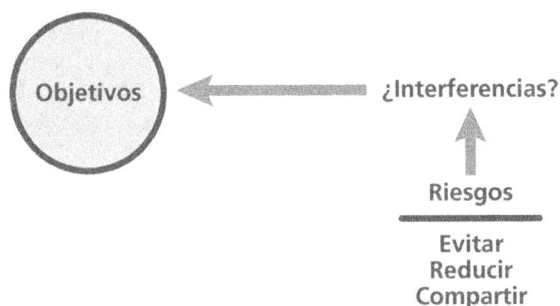

La gestión del riesgo estriba en repasar los objetivos de la organización, en sus distintos niveles, y explorar la posibilidad de eventos que puedan atentar contra su logro, incluyendo acontecimientos fortuitos o extraordinarios. Y, sobre esta base, adoptar las medidas correspondientes para evitar, reducir o compartir los riesgos respectivos.

La gestión del riesgo incluye el denominado "control interno" y la auditoría, que tienen objetivos comunes: confiabilidad de la información, protección del patrimonio, eficacia y eficiencia de las operaciones, y cumplimiento de la normativa correspondiente. Estos objetivos pretenden cubrir, respectivamente, riesgos de información incorrecta, perjuicios al patrimonio, ineficacia o ineficiencia, e incumplimiento de la normativa.

El *control interno* puede definirse en forma bien amplia o restringida. En el primer sentido, el control interno apunta a los cuatro objetivos y tipos de riesgo planteados, condicionando los aspectos pertinentes de planeamiento y control de las operaciones y demás procesos gerenciales y operativos. La manera restringida (que tradicionalmente se ha denominado "control interno contable") se circunscribe a los objetivos de confiabilidad de la información y protección del patrimonio; en este otro sentido, el control interno se configura con las condiciones pertinentes de las personas, la estructura y los procesos. Por ejemplo:

- La capacidad y la honestidad de las personas.

- Cierta separación de funciones que entraña control por oposición.

- Los factores que determinan la calidad del sistema contable.

La *auditoría* consiste en un examen efectuado por alguien independiente de la responsabilidad sobre el objeto de la auditoría. Cualquier sector, elemento o aspecto de la organización pueden ser objeto de auditoría. Según su finalidad, la auditoría suele clasificarse en contable u operativa. La *auditoría contable* se concentra en los objetivos de confiabilidad de la información y protección del patrimonio. Incluye la revisión del denominado control interno contable, referido en el párrafo precedente. La *auditoría operativa* se interesa adicionalmente por la eficacia y la eficiencia de las operaciones y por el cumplimiento de la normativa. Por otra parte, tanto una como otra pueden ser ejercidas por personal perteneciente a la organización o por una persona o firma independiente de la organización. En el primer caso, se habla de *auditoría interna* y, en el segundo, de *auditoría externa*. Una función típica de esta última es el examen y consiguiente dictamen sobre los estados contables de la organización que se publican para los actores externos (accionistas, proveedores, etcétera).

Gestión de proyectos

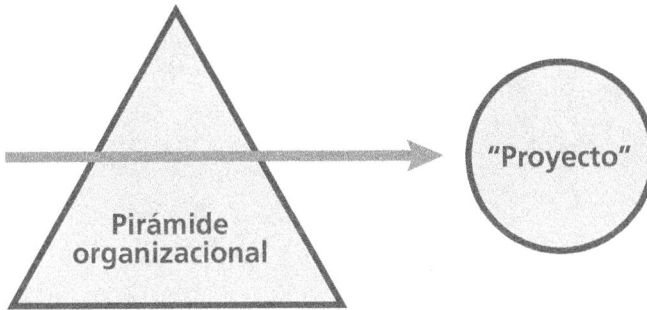

A caballo de la pirámide organizacional, se suelen constituir grupos o equipos de proyecto con un objetivo específico (adicional a los objetivos recurrentes de la organización) a lograr en un período limitado. En su mayoría, ellos se ocupan de campos intersectoriales que entrañan un cambio organizacional (desarrollo de sistemas de información, mejora de procesos, etcétera). La asignación de las personas a dichos grupos o equipos puede ser "full time" o de tiempo parcial. Se trata de células superpuestas a las células estables que componen la pirámide indicada. Se supone que, una vez alcanzado el objetivo del proyecto este se da por terminado, desafectándose a las personas y demás recursos que estaban asignados al proyecto.

También en la operación pueden constituirse grupos de proyecto; por ejemplo, en los servicios de consultoría o en la industria de la construcción. En este caso, personas que pertenecen a una o más áreas funcionales se agrupan para realizar cierta obra o brindar un determinado servicio operativo.

Dentro de la gestión de proyectos, cabe distinguir:

- La gestión de cada proyecto en sí, que comprende el planeamiento y el control de las tareas, la conducción o coordinación de los miembros del grupo o equipo, el manejo de las relaciones externas, etcétera.

- La gestión del portafolio de proyectos, que abarca las estrategias que dan lugar a los proyectos, la fijación de prioridades, la asignación de los recursos, el establecimiento de políticas y procedimientos comunes, el monitoreo de la marcha de los proyectos, etcétera.

En la gestión de proyectos se aplica lo indicado en términos generales en los módulos siguientes:

M 24

Implementación
Cambio en el comportamiento

En general, el logro de la situación deseada entraña, en última instancia, un cambio en el comportamiento humano. Por ello, la implementación de la decisión exige profundizar el análisis de las posibles reacciones de la gente y la adopción de medidas de refuerzo tendientes a provocar dicho cambio. El examen de las posibles reacciones lleva al clásico tema de la resistencia al cambio.

La superación de la resistencia al cambio y el alineamiento de gente en el camino de la situación deseada suelen requerir una acción integral en varios frentes:

1. Comunicación eficaz, que, en general, necesita:

   - La generación de insatisfacción en cuanto a la situación actual, pero contrarrestada psicológicamente por una visión atractiva acerca de la situación deseada, y acompañada por planes de acción que tiendan el puente entre ambas situaciones.

   - Demostración fehaciente de compromiso con el cambio propuesto, para lo cual la prédica con el ejemplo es el vehículo más importante.

   - Suministro regular de información acerca de la marcha del proceso.

2. Análisis político: quiénes habrán de ser, en mayor o menor grado, los aliados, los indecisos, los indiferentes y los opositores; análisis que debe incluir la identificación de los respectivos motivos. Y, sobre esta base, diseñar estrategias tendientes al fortalecimiento del propio poder, a ganar aliados, a reducir o acotar opositores, a obtener o asegurar recursos, etcétera.

3. Desarrollo de la capacidad y la motivación de las personas involucradas en el cambio. Esto comprende actividades participativas, fortalecimiento del trabajo en equipo,

M 25

capacitación, atención personalizada (coaching, consejo sobre temas personales, etcétera), adaptación del régimen de premios y castigos, etcétera.

4. Superación de la resistencia al cambio, lo cual generalmente significa indagar, escuchar, no tomar las expresiones como una agresión personal, identificar bien el tipo de resistencia, responder sinceramente (en lo posible), reaccionar positivamente, etcétera.

5. Manejo adecuado de la transición de la situación actual a la situación deseada, que incluye la búsqueda y el aprovechamiento de casos exitosos, el logro de objetivos de corto plazo que fortalezcan el proceso (sin perjuicio de los objetivos de mayor plazo), la utilización de mecanismos de *feedback* y control, la inserción oportuna de ceremonias o festejos, etcétera.

Implementación
Comunicación

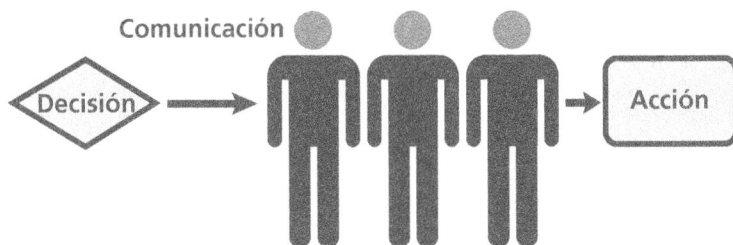

En este módulo nos interesa resaltar un concepto: qué es una comunicación eficaz. Al respecto, es común que se dé el siguiente tipo de respuesta: una comunicación eficaz es una comunicación clara; o más bien una comunicación claramente entendida. Sin embargo, estas respuestas no son suficientes. En la medida en que la comunicación se oriente a provocar cierta acción, la eficacia radica en que se logre este objetivo. Y la comunicación para la implementación de una decisión, como la mayoría de las comunicaciones, está orientada a la acción. Vale decir que una comunicación eficaz es aquella que logra la acción buscada.

El párrafo precedente nos lleva a que la comunicación de la decisión no solo debe brindar la información pertinente a las personas afectadas, sino que también debe motivar positivamente en el camino de la implementación efectiva.

En este orden, es común que los participantes en el proceso de RP/TD descuiden el hecho de que las demás personas carecen, al menos en un primer momento,

- de toda la información que ellos manejaron durante el proceso;

- de la internalización de la lógica consecuente que ha fundamentado la decisión; y

- del sentimiento de valoración del "producto propio" que habitualmente desarrollan los autores de una decisión.

Vale decir que las personas receptoras de una comunicación, en comparación con las personas que comunican la decisión, suelen adolecer de una brecha significativa en el grado de comprensión y compromiso requerido. La comunicación debe tratar de salvar esa brecha. Un error bastante común es no prestarle suficiente atención.

Si la comprensión y el compromiso de los destinatarios son ingredientes necesarios, la comunicación debe tener dos flujos: uno es dar información y el otro es recibirla. O sea: no solo hay que decir, sino que también hay que escuchar. Y la omisión de escuchar es otro defecto bastante común. Escuchar preguntas y comentarios del otro sirve para probar sus conocimientos. Además, lo que el otro diga puede ser interesante para enriquecer el conocimiento de todos. Por otra parte, el escuchar, el darle participación al otro tiende a favorecer su compromiso.

Tomando en cuenta los conceptos referidos precedentemente, hay que elegir la forma de la comunicación. Esta puede ser verbal o escrita, o una combinación de ambas. Cabe organizar una reunión general con todos los involucrados, o tratar con ellos uno por uno, o hacer que los mandos respectivos manejen la comunicación, etcétera. A su vez, hay técnicas específicas para encarar debidamente cualquiera de las alternativas según las circunstancias.

Implementación
Medidas de control

```
                    ┌──────────┐
                    │ Control  │
                    └────┬─────┘
                         │
    ╱──────────╲         │        ┌──────────┐
   ╱  Decisión  ╲        │        │  Nuevo   │
  ⟨      =       ⟩───────┼───────▶│  RP/TD   │──▶
   ╲  Objetivo  ╱        │        └────▲─────┘
    ╲──────────╱         ▼             │
                    ¿Problema? ────────┘
```

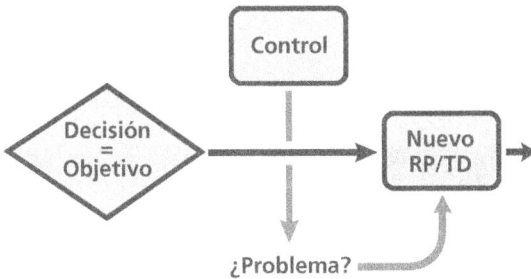

La adopción de medidas de control para monitorear la implementación es indispensable a fin de asegurar la acción y estar luego en condiciones de detectar los problemas que se presenten. Ello significa establecer el *qué*, el *para qué*, el *cómo*, el *quién*,
el *con qué*, el *cuánto*, el *cuándo* y el *dónde* de la información a recibir. Aquí se apli-
can los principios generales atinentes a la disponibilidad de información eficaz y eficiente: relevancia, oportunidad, integridad, etcétera. En otros módulos desarrollare-
mos el tema de la información, elemento indispensable para el ejercicio del control.

La decisión del proceso actual, conclusión central del mismo, pasa a ser un objetivo
de ahora en más. El control del cumplimiento del objetivo habrá de señalar los futuros
problemas negativos (actuales para entonces) o problemas potenciales. Esto, a su vez,
desencadenará un nuevo proceso de toma de decisiones, y así sucesivamente.

Implementación
Planeamiento

1. **Cuestiones específicas**

2. **Comunicación de la decisión**

3. **Cambio en el comportamiento**

4. **Medidas de control**

Una vez elegido el curso de acción, culminación de la segunda etapa, es necesario ocuparse de su implementación. Esto requiere:

* El planeamiento de la implementación, como complemento del proceso actual de RP/TD.

* El seguimiento ulterior de los acontecimientos, que podrá realimentar procesos adicionales de RP/TD.

El planeamiento de la implementación debe contemplar:

1. La resolución de cuestiones específicas: quién, cómo, con qué, cuánto, cuándo, dónde.

M 26 - pág. 71 ◀•• 2. La comunicación de la decisión y demás informaciones pertinentes a las personas que correspondan.

M 25 - pág. 69 ◀•• 3. La gestión del cambio en el comportamiento humano correspondiente a una implementación efectiva.

M 27 - pág. 73 ◀•• 4. La adopción de medidas de control para monitorear la implementación.

La implementación efectiva de la decisión requiere resolver las cuestiones siguientes:

* *Cómo* se va a llevar a cabo.

* *Quién* o *quiénes* serán los responsables.

* *Con qué* recursos.

- *Cuánto* se pretende en el alcance de los resultados a lograr y de los insumos correspondientes.

- *Cuándo* se van a lograr los resultados finales e intermedios.

- *Dónde* se va a actuar.

Lo antedicho no significa que necesariamente haya que precisar todas estas cuestiones inmediatamente después de tomar la decisión a implementar. En una primera instancia, puede definirse solo al responsable y delegar en él tales precisiones. Lo que no puede pasarse por alto es la consideración oportuna de dichas cuestiones, a fin de evitar sorpresas ulteriores y asegurar la implementación efectiva.

Los otros tres aspectos a contemplar se tratan en los módulos respectivos.

Información
Aspectos

Contenido
Cualidades
Destinatarios
Modalidad
Procesos gerenciales involucrados
Tecnología

Este módulo pretende introducir el tema de la información en el ámbito de las organizaciones. Para ello enfocamos la información desde diversos ángulos:

M 32 - pág. 81 ◀••   • Qué contiene.

M 33 - pág. 83 ◀••   • Cuáles son las cualidades requeridas.

M 34 - pág. 85 ◀••   • Quiénes son sus destinatarios.

M 36 - pág. 90 ◀••   • Cuál es su modalidad.

M 37 - pág. 91 ◀••   • Cómo se vincula con el proceso gerencial.

M 38 - pág. 92 ◀••   • Cuál es la tecnología aplicada al procesamiento de la información.

Cada uno de estos aspectos permite distinguir múltiples variables de la información. Este recorrido se orienta a resaltar un concepto fundamental: en una organización es conveniente cubrir integralmente todos esos aspectos. En la práctica, muchas organizaciones dejan que desear al respecto: prestan atención a ciertos aspectos pero descuidan otros.

Información
Benchmarking

```
            ┌──────────────┐
            │  Mediciones  │
            └──────────────┘
          ↙                  ↘
┌────────────┐          ┌────────────┐
│ Lo propio  │   vs.    │  Lo mejor  │
└────────────┘          └────────────┘
          ╲                  ╱
            Aprendizaje
```

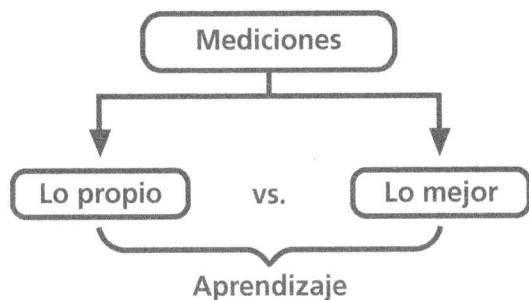

Benchmarking es el proceso continuo de medir productos, servicios y prácticas en comparación con los competidores más fuertes o aquellas compañías reconocidas como líderes en su ramo de actividad (*industry leaders*).

El benchmarking se inició en Xerox en 1979, cuando esta compañía comenzó a perder mercado frente a nuevos competidores japoneses que, de alguna manera, podían vender copiadoras a un precio menor que el de Xerox. Algo había que hacer, y rápido. Entonces Xerox aplicó una simple idea que tuvo mucho que ver con su recuperación competitiva: identificar e implementar las mejores prácticas del mundo.

Cuando una empresa realiza benchmarking, toma como modelo ciertas prácticas de otra empresa. Esta empresa modelo puede ser:

1. Una empresa competidora.

2. Una empresa de otro ramo de actividad que se destaca por la calidad y la productividad de ciertos procesos.

3. Una empresa del mismo grupo que reúne las características indicadas en 2.

El benchmarking realizado con una empresa competidora tropieza con la dificultad de cómo conseguir la información. Sin embargo, hay experiencias en donde empresas competidoras se han puesto de acuerdo en intercambiar determinada información. La idea es que los beneficios del intercambio acordado generan ventajas que superan los riesgos que puede significar el suministro de la información.

El benchmarking realizado con una empresa de otro ramo de actividad puede ser muy útil respecto de ciertas prácticas. Por ejemplo, Xerox obtuvo de GL Bean ideas para mejorar sus operaciones de almacenaje y distribución de mercaderías.

M 42 - pág. 100 ◀••

El benchmarking pretende conocer las mediciones de la empresa modelo para compararlas con las de la propia empresa y sobre esta base fijar objetivos específicos de mejora. Pero el conocimiento de tales mediciones debe ir acompañado del entendimiento acerca de cómo la empresa modelo hace las cosas para lograr sus resultados exitosos. Esto nos lleva al concepto de *best practices*, que es la mejor manera de ejecutar un proceso. El benchmarking sin información sobre *best practices* carece de mayor utilidad.

Información
Contabilidad

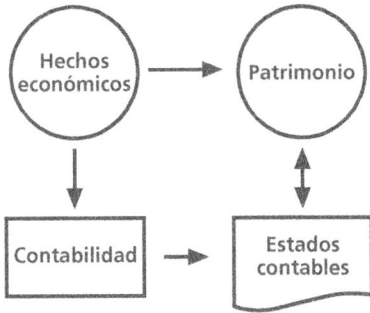

La palabra "contabilidad" suele usarse en dos sentidos: uno restringido y otro amplio. Nosotros preferimos el sentido restringido, porque el amplio tiene límites demasiado difusos, e invade otros elementos que nos parece más claro identificar por separado. En el sentido restringido, la contabilidad puede definirse como una técnica que procesa y brinda información acerca del patrimonio real de una organización y de los hechos económicos que lo afectaron a los fines de la toma de decisiones. Su producto central son los estados contables. La contabilidad:

- brinda información sistemática,

- referente a la organización,

- correspondiente al pasado,

- expresada en términos principalmente monetarios.

La contabilidad se concentra en la registración y la valuación de los recursos tangibles (aunque no computa todos los cambios en ellos; por ejemplo, cuando mantiene ciertos activos valuados a su costo histórico u original), pero solo registra una porción menor del capital intelectual. En consecuencia, reconoce únicamente los resultados que surgen de los cambios en el valor de los recursos que registra, y desconoce el resto. La contabilidad procede así porque limita sus registraciones a mediciones que puedan ser hechas en forma sistemática, con cierto grado de objetividad y a un costo razonable. Y, en general, estas condiciones son demasiado problemáticas respecto del capital intelectual.

Hace algunas décadas tal limitación no era mayormente significativa, por cuanto el valor de los recursos tangibles constituía una gran parte del valor total de los recursos. Sin embargo, en el mundo de hoy se ha incrementado enormemente la proporción del valor del capital intelectual respecto del valor total. Esto constituye una seria limitación de la información contable. (Esta afirmación no pretende ser crítica; simplemente es aclaratoria.)

M 35 - pág. 87 ◀•• Los usuarios de la información tratan de superar dicha limitación recurriendo a otra información acerca del capital intelectual. Por ejemplo, los INDICADORES DE DESEMPEÑO que comentamos en el módulo respectivo.

Información
Contenido

La organización o su entorno
Pasado o futuro
Datos monetarios o no monetarios

El contenido de la información puede referirse:

- a la organización o a su entorno,

- al pasado o al futuro, y

- a datos monetarios o no monetarios.

La información referente a la organización comprende tres pilares: la contabilidad, el control presupuestario y los indicadores de desempeño.

La CONTABILIDAD la tratamos en el módulo respectivo.

••▶   M 31 - pág. 79

El control presupuestario incluye el presupuesto y su comparación con la contabilidad. La estructura del presupuesto es en gran medida análoga a la de la contabilidad. La diferencia fundamental estriba en que contiene proyecciones acerca del futuro en lugar de acontecimientos ocurridos en el pasado. Esto trae aparejada otra diferencia: la contabilidad arranca de operaciones o hechos individuales (ventas, cobranzas, compras, pagos, etcétera) que luego agrupa de cierta manera; en cambio, el presupuesto proyecta partidas que desde su origen constituyen agrupaciones (por ejemplo, total de ventas).

Es provechoso que el presupuesto tenga una estructura común con la contabilidad, habida cuenta de la diferencia entre cifras del pasado y cifras del futuro. Este requisito es necesario para ejercer debidamente el control presupuestario, que consiste esencialmente en comparar las cifras del pasado (provenientes de la contabilidad) con las proyectadas para el futuro (fruto del presupuesto). Por ello el producto central del presupuesto son los estados contables proyectados, en línea con los estados reales indicados precedentemente.

M 35- pág. 87 ◀••
Además de la información proporcionada por la contabilidad y el control presupuestario (expresada principalmente en términos monetarios), la organización debe contar con mucha más información, monetaria y no monetaria. La mayoría de toda esta información converge en la formación de INDICADORES DE DESEMPEÑO.

M 01 - pág. 24 ◀••
Pero toda esa información se refiere a la organización. Es indispensable complementarla con información acerca del entorno: del macroentorno (por ejemplo, indicadores macroeconómicos), del ramo de actividad (por ejemplo, innovaciones tecnológicas) y de los actores cercanos (por ejemplo, costos de la competencia). En el mundo moderno es crucial disponer de la información externa pertinente, especialmente para el ANÁLISIS ESTRATÉGICO.

M 30 - pág. 77 ◀••
El BENCHMARKING comprende información proveniente del entorno.

Información
Cualidades

Confiable
Clara
Relevante
Oportuna
Eficiente
Provocar actitudes favorables

Para ser útil al proceso decisorio, la información debe reunir cinco cualidades fundamentales: ser confiable, clara, relevante, oportuna y eficiente.

La cualidad de *confiable* se refiere a la concordancia entre la situación y la información que pretende reflejarla. Esta cualidad implica otros atributos (en la medida en que ellos sean aplicables): que la información sea veraz, objetiva, precisa, verificable, etcétera.

Las cualidades de *clara, relevante* y *oportuna* apuntan a facilitar la decisión acertada. Lo de *clara* no requiere mayor explicación. Lo de *relevante* entraña concentración en aquello que interesa a la decisión a tomar, excluyendo información intrascendente. Lo de *oportuna* tiene dos aspectos: el primero se refiere a la frecuencia necesaria (anual, mensual, semanal, etcétera); el segundo, a la rapidez en obtener la información (por ejemplo, que los estados contables mensuales se obtengan al quinto día del mes inmediato siguiente).

Eficiente significa que el valor del *output* justifica el costo del *input* y del proceso. En otras palabras, que la propia información también está sujeta al test de costo-beneficio.

Además de las cinco cualidades señaladas, en el ámbito de las organizaciones cabe plantear una sexta: que el diseño de la información *provoque actitudes favorables* en sus miembros (por *actitud* entendemos predisposición a comportarse de cierta manera). Está claro que el contenido específico de la información influye lógicamente sobre la decisión; por ejemplo, un informe que muestra un incremento de los costos dispara una decisión dirigida a reducirlos. Lo que puede no estar tan claro es que el mero diseño de la información genera determinadas actitudes, por los motivos que comentamos en los párrafos siguientes.

El diseño del contenido de la información (qué incluye y qué excluye), especialmente el de la sistemática, refleja la importancia relativa que la conducción asigna a los temas. Por ejemplo, si los indicadores de desempeño se circunscriben a los aspectos financieros, es de suponer que otros aspectos se consideran menos importantes.

Por otra parte, cuando el ser humano toma decisiones, es natural que busque no solo lo que es bueno para la organización, sino también lo que le conviene a él o a su sector. Además, habitualmente tiende a prestarle más atención al corto plazo que al largo plazo. Pero tal inclinación egoísta o cortoplacista varía en función de cómo se arma la información. Por ejemplo, es usual que los costos de la capacitación del personal se contabilicen como un gasto y no como una inversión activable. Si por alguna razón cae la rentabilidad, suele aparecer la tentación de cortar erogaciones de capacitación a fin de mejorar los resultados. En cambio, si dichos costos primero se activasen y luego se amortizasen a lo largo del tiempo, tal tentación probablemente sería menor, porque el corte de erogaciones no tendría impacto inmediato en la medición de los resultados.

Lo antedicho alerta acerca del síndrome que denominamos "la decisión para la información", opuesto al concepto de "la información para la decisión acertada". El peligro del síndrome es mayor cuando la información resultante es base del régimen de recompensas. Siguiendo con el ejemplo de los costos de capacitación, se daría esta condición si quien toma la decisión goza de una remuneración variable en función de la rentabilidad.

Pero el peligro existe también aunque la información no esté enganchada directamente con la recompensa. Esto es así porque la información influye sobre lo que los demás piensan u opinan sobre el responsable en cuestión, lo cual psicológicamente forma parte del régimen de premios y castigos.

En resumen, cuando se diseña un sistema de información, corresponde considerar no solo las cinco cualidades indicadas más arriba, sino también el tipo de actitudes que puede provocar el sistema.

Información
Destinatarios

Terceros

**Miembros
de la organización:**
- **Genérica**
- **A medida**

Los destinatarios de la información pueden ser personas o entes que no pertenecen a la organización, o miembros de la organización. En este orden, se distingue la "contabilidad para terceros" (en inglés se la denomina *financial accounting*) de la "contabilidad gerencial". La primera brinda información para accionistas, acreedores, organismos de control y otros interesados. La segunda se dirige principalmente a los gerentes de la organización. Ambas participan de un tronco común, que arranca con las operaciones contables y culmina con los estados contables. Pero su *output* tiene distinta frecuencia y grado de análisis, en función de las necesidades de los usuarios internos y externos, respectivamente. Incluso pueden tener distintos criterios de valuación. En general, la contabilidad para terceros debe cumplir con normas establecidas por la ley y los organismos que regulan el ejercicio de la profesión contable. En cambio, la contabilidad gerencial dispone de más flexibilidad para responder a sus numerosas y variadas aplicaciones.

La información para los miembros de la organización puede ser genérica o a medida. La primera clase es la que se prepara para múltiples destinatarios, aunque no para todos; por ejemplo, los estados contables. La segunda es la que se elabora para una determinada posición en la organización, a medida de sus necesidades específicas; por ejemplo, el análisis de ventas por vendedor que recibe el jefe de los vendedores.

En muchas organizaciones, solo la alta gerencia recibe información genérica relevante. Las principales razones suelen ser dos: que los demás no la necesitan y que es confidencial. Sin embargo, el mundo moderno plantea la conveniencia de expandir la cantidad de gente que recibe información genérica, porque ayuda a comprender la organización, proporciona conocimiento útil para tomar decisiones variadas o imprevistas, y contribuye positivamente a la identificación de la gente con la organización.

Es cierto que la confidencialidad limita tal expansión. Sin embargo, en muchos casos se exagera el factor de confidencialidad: se da por confidencial información cuya distribución no es verdaderamente peligrosa, o bien que ya se conoce total o parcialmente, con el riesgo de que se produzcan distorsiones contraproducentes. Claro está que todo depende del tipo de organización que se pretende desarrollar.

En línea con la idea de distribuir información genérica entre todos los miembros de la organización, el provocador libro *Open-Book Management* (*La gerencia con los libros abiertos*), de John Case (Harper-Business, 1998), propone que la alta gerencia comparta con sus empleados información económico-financiera como estados contables, presupuestos, informes de control presupuestario, informes analíticos, etcétera. El propósito responde a lo señalado más arriba: mayor comprensión del negocio y de sus características económico-financieras, identificación de la gente con la organización, etcétera.

Información
Indicadores de desempeño

Perspectiva	Tipo de datos		
	Cuantitativos		Cualitativos
	$	No$	
Financiera			
Cliente			
Procesos operativos			
Aprendizaje y crecimiento			

El concepto de *desempeño* comprende no solo los resultados de la organización, sino también el comportamiento de sus miembros y, por extensión, el comportamiento de la organización.

El desempeño implica *evaluación*: es positivo o negativo, bueno o malo, mejor o peor, etcétera. En general, es conveniente basar las evaluaciones en *mediciones*. En principio, los resultados son medibles, en tanto que los comportamientos son observables. Sin embargo:

- En general, se miden en forma sistemática los resultados inherentes a las variaciones de los activos tangibles, pero existen limitaciones para medir los resultados correspondientes a los cambios en el valor del capital intelectual.

- Los comportamientos son medibles en ciertas condiciones. Por ejemplo, cabe medir el grado de trabajo en equipo sobre la base de una encuesta, en donde las opiniones de los encuestados se convierten en expresiones numéricas.

Los indicadores de desempeño pueden clasificarse según los *datos* que le sirven de *input*:

1. Datos monetarios, en su mayoría provenientes de la contabilidad.

2. Datos cuantitativos no monetarios (volúmenes, tiempos, errores, etcétera).

3. Datos cualitativos, en general provenientes de encuestas (motivación del personal, satisfacción de clientes, etcétera). Claro está que los datos cualitativos se convierten en mediciones a través de algún mecanismo de cómputo.

Por otra parte, los indicadores pueden clasificarse en función de su *perspectiva*:

1. Perspectiva *financiera*, referente a la rentabilidad (y sus diversos ingredientes, como ingresos, costos, etcétera), el flujo de fondos, los dividendos, la situación patrimonial, el valor de la acción, etcétera.

2. Perspectiva del *cliente*: incremento y retención de clientes, satisfacción y lealtad de clientes, rentabilidad por cliente o tipo de cliente, penetración en el mercado, etcétera.

3. Perspectiva de los *procesos operativos*. Estos indicadores giran fundamentalmente en torno a tres atributos: innovación, calidad y productividad. Brindan información sobre productos defectuosos, tiempos en los que un insumo se transforma en producto, proporción de productos nuevos sobre productos activos, etcétera.

4. Perspectiva de *aprendizaje y crecimiento*, referente a las competencias, la motivación y otros aspectos de las personas, y a los sistemas de información.

La idea de distinguir tales perspectivas es la siguiente. Si bien los resultados financieros son primordiales, se basan en factores inherentes a las otras tres perspectivas, a saber:

- La principal causa directa de los ingresos y sus efectos (rentabilidad, flujo de fondos, etcétera) radica en los clientes.

- A su vez, la conquista de los clientes depende del precio, la calidad y el *timing* de los productos, que son una función de la innovación, la productividad y la calidad de los procesos operativos.

- Y finalmente, dichos atributos se fundan en la infraestructura compuesta por las personas y la información, que es la fuente de una ventaja competitiva sostenible en el tiempo.

Aquí se puede argumentar que en última instancia la perspectiva financiera es abarcativa del resto de las perspectivas. Que si hay problema con los clientes, los procesos operativos, los recursos humanos o la información, tarde o temprano estos problemas se reflejarán en los indicadores financieros. Pero, con la dinámica del mundo moderno, es probable que existan problemas serios que todavía no tienen efecto financiero. Por ejemplo, la empresa puede arrojar una alta rentabilidad actual, pero tener hipotecado el futuro por la insatisfacción de los clientes.

Si uno se concentra en los indicadores financieros, corre peligro de pasar por alto tales problemas. En cambio, si se dispone del panorama completo de las cuatro perspectivas, se está en mejores condiciones para monitorear el desempeño.

Lo antedicho constituye precisamente el concepto de "tablero (o cuadro) de comando (o control o mando) equilibrado (o integral)"; en inglés, *balanced scorecard*. La idea es lograr un equilibrio entre las cuatro perspectivas; no exagerar una en detrimento de la otra; y disponer de indicadores clave de desempeño en todas ellas.

Hemos desarrollado este tema sobre la base de las obras de Kaplan y Norton. Estos autores han escrito cinco libros al respecto. Recomendamos especialmente el último de ellos, *Execution Premium* (Deusto, 2008).

Información
Modalidades

| Sistemática |
| Circunstancial |

Según su modalidad, la información puede ser sistemática o circunstancial.

La *información sistemática* es principalmente escrita, se produce con una frecuencia predeterminada, generalmente respondiendo a un formato estándar y siguiendo una rutina de procesamiento de datos. Para su desarrollo es necesario tener los recursos tecnológicos adecuados. La disponibilidad de esta información es valiosa para un adecuado proceso de toma de decisiones en la mayoría de las situaciones.

Sin embargo, es muy importante también el acceso a la *información circunstancial* para detectar y resolver adecuadamente los problemas. Por ello es clave la buena comunicación entre las personas, que tiene que ver con la cultura y el clima de la organización, con el grado de trabajo en equipo, con la calidad de las reuniones y con otras facetas de las relaciones interpersonales e intergrupales.

Información
Procesos gerenciales involucrados

M 37

⏪
Módulo
antecedente
29

Planeamiento
Dirección y liderazgo
Control
Decisiones puntuales

En función del proceso gerencial involucrado, la información puede ser para el planeamiento, la dirección y el liderazgo, el control o la toma de decisiones puntuales.

La información para el *planeamiento* (referente a la organización y su entorno) alimenta el análisis estratégico (interno y externo) que sirve de base para la definición de objetivos, metas, estrategias, planes de acción, etcétera.

•• ▶ M 50 - pág. 114

A su vez, la información proveniente de dicho planeamiento es una herramienta de *dirección y liderazgo*. Más adelante opera como marco para el control de gestión. Por su naturaleza, tiende a estructurarse por área de responsabilidad.

La información para el *control* compara información proveniente del planeamiento con información acerca de la situación actual o incluso proyectada. Por lo tanto, también tiende a estructurarse por área de responsabilidad. La comparación puede gatillar un replanteo del planeamiento o decisiones puntuales para tratar de cumplir con lo planeado (medidas correctivas).

•• ▶ M 50 - pág. 114

La información para la *toma de decisiones puntuales* alimenta el examen de la problemática y el desarrollo de cursos de acción de un problema específico. Por ejemplo, la información necesaria para establecer un precio de venta, o elegir a quién comprar un producto, etcétera.

•• ▶ M 66 - pág. 147

Cabe aclarar que una misma información es utilizable para distintos propósitos. Por ejemplo, información sobre costos incurridos se emplea para el análisis estratégico (fortaleza o debilidad) y para el control de gestión (comparación con costos presupuestados).

•• ▶ M 01 - pág. 24
•• ▶ M 51 - pág. 116

Información
Tecnología

La función de la tecnología informática (TI) es dotar a la organización de sistemas útiles para la ejecución de sus procesos y para tomar decisiones, con el propósito de hacerlo en forma más eficaz y eficiente. Hoy en día la TI es la clave del sistema de información, con el efecto consiguiente sobre los procesos humanos, operativos y gerenciales y la toma de decisiones que se realiza a caballo de estos procesos, y finalmente sobre los resultados.

El desarrollo de la TI, además de las mejoras indicadas en el párrafo precedente, ha abierto extraordinarias posibilidades en cuanto a:

- Cambios sustanciales en los procesos y productos operativos, así como también en los procesos gerenciales.

- Integración interfuncional dentro de la organización.

- Integración operativa con clientes, proveedores y otros actores internos.

- Desarrollo del negocio electrónico (*e-business*).

Una característica central de la TI actual es que posibilita el trabajo en red, permitiendo compartir recursos físicos, software e información entre personas y sistemas de distintos sectores, unidades de negocio y empresas. Esto lleva a la integración de procesos. Así, por ejemplo, a través del sistema de una empresa cliente (tal vez sin intervención humana) ingresa un pedido en la red de una empresa proveedora, generándose al instante la información que requieren las personas y los sistemas de los distintos sectores de esa empresa (depósitos, área comercial, abastecimiento, distribución, producción, facturación, etcétera), e incluso el cliente puede obtener información sobre la fecha de entrega. Estas redes abarcan las públicas (Internet), internas (intranets) y las que relacionan empresa con proveedores, clientes, distribuidores (extranets). Todo ello implica profundas transformaciones en la forma de operar de la empresa y de interactuar con clientes, proveedores y otros elementos del contexto (una agencia reguladora puede conocer al instante el estado operativo de todos los equipos de las líneas de una empresa transportadora de energía). Consecuentemente, se generan oportunidades y amenazas estratégicas, incrementándose la productividad (aunque también, si no se toman las medidas pertinentes, los riesgos).

Por lo tanto, los beneficios de la TI deben evaluarse no solo por su impacto sobre el sistema de información, sino también como parte de las estrategias de negocio. La TI posibilita en gran medida la generación de ventajas competitivas.

La arquitectura de la TI abarca:

- La arquitectura de aplicaciones, que comprende cuáles son sus componentes (programas o conjunto de programas) y cómo interactúan (por ejemplo, en capas: capa de interacción con usuarios u otros sistemas, capa que realiza la función básica, capa de datos) para cumplir una función, que puede ser la automatización de una tarea, la registración de acciones y sus resultados o la provisión de información.

- La arquitectura técnica, que está compuesta por los elementos tecnológicos necesarios para desarrollar, ejecutar y dar soporte (por ejemplo, monitoreo, *backup*, reinicio) a las aplicaciones.

- La arquitectura de datos, referente al movimiento, acceso, almacenamiento y organización de los datos.

Dentro de las aplicaciones de la TI, cabe resaltar:

- Los sistemas integrados de gestión ERP (*Enterprise Resource Planning*), que sirven de base a los principales procesos operativos (primarios y de apoyo) y gerenciales.

- Sistemas que cubren específicamente determinados procesos de la organización, como el CRM (*Client Relationship Management*) y el SCM (*Supply Change Management*).

- La inteligencia de negocios (*business intelligence*), que comprende distintos conceptos: OLAP (*On Line Analitical Processing*), *Data Mart, Data Warehouse, Data Mining, Knowledge Management, Content Management*, etcétera.

Relacionado con la inteligencia de negocios, están los *Decision Support Systems* (DDS), que ayudan a los gerentes a tomar decisiones facilitándoles la realización de simulaciones y análisis de sensibilidad, entre otros aspectos. Los DDS son alimentados habitualmente por un OLAP y están más orientados al análisis que a la obtención de información o a su arquitectura.

Kepner y Tregoe
Metodología

```
            ┌─────────────────┐
            │   Análisis de   │
            │    situación    │
            └─────────────────┘
   ┌──────────────┐    │    ┌──────────────┐
   │  Análisis de │    │    │  Análisis de │
   │   problemas  │    │    │   problemas  │
   │  (negativos) │    │    │  potenciales │
   └──────────────┘    │    └──────────────┘
            ┌─────────────────┐
            │   Análisis de   │
            │   decisiones    │
            └─────────────────┘
```

La metodología de Kepner y Tregoe (*El nuevo directivo racional*; McGraw-Hill, México, 1983) distingue cuatro procesos separados:

1. El análisis de situación (también llamado análisis de preocupaciones).

2. El análisis de problemas.

3. El análisis de decisiones.

4. El análisis de problemas potenciales.

El análisis de situación (o de preocupaciones) se presenta como preliminar, tendiente a inventariar los problemas existentes, para decidir cuáles abordar, en qué orden y de qué manera. Nosotros ubicamos este proceso como una variante dentro del diagnóstico de la situación, que incluimos dentro de la primera etapa de examen de la problemática.

M 58 - pág. 130 ◀••

M 55 - pág. 124 ◀•• El análisis de problemas se refiere a lo que nosotros llamamos problema negativo, que ubicamos como otra variante dentro del diagnóstico de la situación.

M 10 - pág. 43 ◀•• El análisis de decisiones concuerda en líneas generales con la etapa de desarrollo de cursos de acción de nuestra metodología. Dentro de este análisis, Kepner y Tregoe ponen énfasis en que deben identificarse los criterios para la evaluación antes de concebir y evaluar cursos de acción.

M 56 - pág. 126 ◀•• Estos autores plantean el análisis de problemas potenciales como un proceso separado. Nosotros lo vemos como algo que puede ser no solo un proceso separado, sino también un complemento del análisis de problemas negativos o de una parte de la evaluación de cursos de acción.

El punto de partida es el análisis de situación. Según Kepner y Tregoe, este puede llevar a cualquiera de los otros tres procesos. Si se trata de un problema negativo, hay que pasar forzosamente por su análisis antes de encarar la solución; o sea, antes del análisis de decisiones. Pero si no se trata de un problema negativo, cabe abordar directamente el análisis de decisiones; esto en general correspondería al caso de problemas de implementación o al de aprovechamiento de oportunidades, según nuestra terminología. El análisis de problemas potenciales, conforme dijimos más arriba, se plantea como un proceso separado. Interpretamos que, según Kepner y Tregoe, dicho análisis sobreviene principalmente como consecuencia del análisis de situación o como una etapa ulterior al análisis de decisiones.

◀◀
Módulo
antecedente
12

Maier
Fórmula

$$ED = C \times A$$

Norman Maier (*Toma de decisiones en grupo*; Trillas, 1980) ha indicado que una decisión, para ser eficaz, no solo tiene que reunir las condiciones cualitativas correspondientes, sino que también debe ser aceptada por aquellas personas encargadas de implementarla. Este concepto es encapsulado en la denominada "fórmula de Maier", en donde:

- ED es la eficacia de la decisión.

- C es la calidad de la decisión, que depende de sus atributos objetivos.

- A es el grado de atracción que tiene la decisión para las personas que deben trabajar con ella, el cual se denomina aceptación.

En base a su fórmula, Maier distingue tres clases de decisiones:

1. Calidad alta pero aceptación baja.

2. Aceptación alta pero calidad baja.

3. Calidad y aceptación altas.

M 26 - pág. 71   ◀••

El concepto de Maier es importante, sobre todo por destacar la influencia de la aceptación. Esto debe ser tenido en cuenta con relación a la participación en la toma de decisiones y a la comunicación como parte de la implementación.

Pero, por otra parte, la preocupación por la aceptación puede llevar a un deterioro contraproducente de la calidad de la decisión. Este es un fenómeno que suele ocurrir en las organizaciones. Una pauta interesante para evaluar la calidad de una decisión ha sido denominada "enfoque de un hombre de negocios". Trataremos de ilustrarla en el párrafo siguiente.

Los problemas se suelen ubicar en un determinado sector de la organización. Sin embargo, la calidad de una decisión debe ponderarse no solo en función de su impacto sobre el sector en cuestión, sino también considerando el que tiene sobre toda la organización tomada en conjunto. El enfoque del hombre de negocios se refiere a lo siguiente: quien o quienes toman la decisión debe/n pensar en el impacto sobre toda la organización, como si esta fuera su propio negocio, en lugar de circunscribir la preocupación a su sector o área de responsabilidad. Una aplicación típica de este concepto está representada por la clásica pregunta: si tuvieras que gastar tu dinero, ¿llegarías a la misma conclusión?

Modelo de sistemas

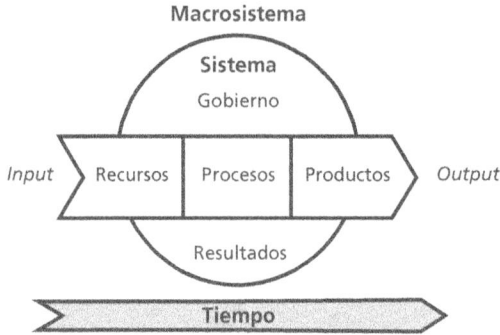

Macrosistema
Sistema
Gobierno

Input Recursos Procesos Productos Output

Resultados

Tiempo

M 62 - pág. 138 ◀•• Dado un proceso de RP/TD, existe un sujeto (individuo o grupo) que se ocupa de tomar la decisión y una unidad en donde se ubica la problemática pertinente; así se trate de la planificación de las actividades de la unidad o de la resolución de un problema puntual. Aclaramos que por unidad entendemos el área que está bajo la responsabilidad del sujeto o que pretende ser manejada por él. La unidad en cuestión puede ser una nación, un ministerio, una corporación (conjunto económico de empresas), una compañía, una unidad de negocios (en el sentido con que se emplea esta expresión en el campo de la planificación estratégica), un sector de la empresa, un proyecto, un grupo de trabajo, una persona, etcétera. El sujeto puede ser el responsable formal de la unidad, un grupo de personas de la misma unidad, un tercero o terceros interesados, etcétera.

Dada una unidad que es objeto de análisis, cabe enfocarla como un sistema. Entonces suele ser conveniente recurrir al modelo que distingue:

- Los recursos o insumos (*input*), el proceso y el producto (*output*) del sistema o unidad.

- El macrosistema o entorno de la unidad.

Por un lado, el macrosistema proporciona los recursos empleados como insumos por el sistema. Por otro lado, el proceso convierte los insumos en productos. Estos constituyen la contribución del sistema al macrosistema; en última instancia, la justificación del sistema como tal.

Pero, además de dicho flujo que podemos llamar horizontal, el sistema suele incluir lo siguiente:

- El gobierno del flujo horizontal.

- Los resultados que representan el cambio en el valor de los recursos que ocurre como consecuencia del flujo horizontal.

Veamos, por ejemplo, la aplicación del modelo a una empresa u otro tipo de organización. El macrosistema comprende a los inversores, los prestamistas, los proveedores, las fuerzas laborales existentes en el mercado, etcétera. Estos sectores suministran los recursos financieros, físicos, etcétera, que dan lugar a los insumos de la empresa. A su vez, esta brinda sus productos o servicios a los clientes, que también son parte del macrosistema. Las actividades son gobernadas por un management. Y se logran resultados como la rentabilidad, el flujo de fondos, la posición en el mercado, etcétera.

Pero el modelo es aplicable a cualquier otra clase de unidad; verbigracia, el centro de cómputos de una empresa. Si este se define como el sistema, el resto de la organización forma parte del macrosistema, que otorgará al centro los recursos necesarios para que pueda brindar su *output*, esto es, entregar la información pertinente. Además, el centro de cómputos tendrá su conducción y sus resultados.

El modelo también es aplicable a la situación de una persona en su carácter de miembro de una empresa; por ejemplo, un operador del centro de cómputos. Con este enfoque, el centro integra el macrosistema. El operador dispondrá de recursos que convertirá en insumos, desarrollará un proceso y suministrará sus servicios al centro de cómputos y a la empresa. Asimismo, habrá un autogobierno (cerebro) y se producirán resultados para él.

Objetivos – Fijación – Antecedentes

Este módulo es especialmente aplicable al planeamiento de un sector de la organización. Sin embargo, su contenido o una parte de él pueden ser aplicables a otros conceptos del planeamiento.

En la fijación de objetivos corresponde tener en cuenta los siguientes antecedentes, en la medida en que sean aplicables:

1. Los resultados logrados en el pasado.

2. El benchmarking.

3. Las expectativas de los *stakeholders*.

4. Los lineamientos que provienen del nivel superior, así como también de las necesidades de los pares. A esto lo llamamos integración vertical y horizontal.

5. El propio análisis estratégico correspondiente al sector.

Los resultados logrados en el pasado son un antecedente importante. Sin embargo, ofrecen la tentación de repetir los objetivos o resultados anteriores, con más o menos una variación "razonable". Los nuevos objetivos deben fundamentarse debidamente, más allá de la experiencia del pasado.

En este orden, el concepto de "presupuesto base cero" propugna un total replanteo crítico de las partidas de gastos. La idea central es la siguiente: el hecho de haber incurrido en un gasto de por sí *no* justifica que haya que incurrir nuevamente en él.

M 30 - pág. 77 ◀•• El BENCHMARKING lo comentamos en el módulo respectivo.

Los *stakeholders* son aquellas personas o sectores cuyos intereses deben ser tenidos en cuenta: propietarios, clientes, proveedores, personas de la organización, gobierno, organismos de control, sindicatos, otros miembros de la comunidad, etcétera.

La integración vertical y horizontal incluye:

- El alineamiento de los objetivos del sector con los objetivos de nivel superior. Por ejemplo, el gerente de producción alinea sus objetivos con los del gerente general.

- La integración de los objetivos del sector con los objetivos de los pares y de otros miembros de la organización. Por ejemplo, el gerente de producción integra sus objetivos con la función comercial.

- El hacerse cargo de objetivos que son la consecuencia natural de proyectos intersectoriales, generalmente de cambios en la arquitectura de la organización (estructura, sistemas, etcétera). En este caso el sector no es el responsable de todo el proyecto, pero se hace responsable de la mejora del desempeño en la parte que le corresponde. Por ejemplo, el gerente de producción fija nuevos objetivos de calidad de sus productos, en virtud de una reingeniería de procesos orientada a la calidad total, en la cual participaron todos los sectores de la organización.

El ANÁLISIS ESTRATÉGICO lo tratamos en el módulo respectivo. ••▶   M 01 - pág. 24

Objetivos – Fijación – Condiciones

Objetivos
Resultados a lograr
Coherentes
Prioritarios
Específicos
Desafiantes
Mejoramiento permanente

Para llevar adelante el planeamiento, es conveniente fijar objetivos que respondan a las siguientes condiciones:

1. Expresados en términos de resultados (y no de actividades).

2. Coherentes con los demás objetivos de la organización.

3. Prioritarios.

4. Específicos.

5. Desafiantes.

6. Tendientes al mejoramiento permanente.

A continuación comentaremos sucintamente cada una de estas condiciones:

M 41 - pág. 98 ◀••
M 15 - pág. 52 ◀••

La condición de que el objetivo se exprese en términos de *resultados*, y no de actividades, se basa en el MODELO DE SISTEMAS que presentamos en el módulo respectivo. Además, dicha condición tiene que ver con los conceptos de EFICACIA Y EFICIENCIA que tratamos en otro módulo.

- Si en la definición del objetivo se mezcla el proceso con el *output*, este tiende a perderse de vista. Y luego es más ambiguo medir la eficacia. La visión del cumplimiento del objetivo es más clara cuando la comparación entre el resultado a lograr y el resultado logrado se despeja de cuestiones de procedimiento.

- Asimismo, los detalles del proceso pueden oscurecer la relación entre el *input* y el *output*, que es lo que interesa finalmente a la eficiencia.

Por *coherencia* entendemos la integración de los objetivos del sistema objeto de planeamiento con el resto de la cadena de objetivos y planes de toda la organización. Pero no debemos perder de vista que la coherencia no puede ser absoluta; que hay objetivos contradictorios, al menos en el corto plazo; y que muchas veces es cuestión de lograr un equilibrio entre ellos.

La condición de que el objetivo sea *prioritario* implica concentrarse en unos pocos objetivos: los verdaderamente importantes. La idea es no distraer la atención en actividades que brindan escasa contribución a los resultados. Al respecto es de considerar el módulo PARETO – LEY.

•• ▶ M 45 - pág. 106

La condición de *específico* que debe tener el objetivo entraña que sea claro e inequívoco, y que su descripción incluya todos los elementos necesarios para que luego su cumplimiento sea comprobable, lo cual requiere las definiciones pertinentes de cantidad, calidad, costo y plazo. Aquí es aplicable el módulo OBJETIVOS – FIJACIÓN – ESPECIFI- CACIÓN.

–•• ▶ M 44 - pág. 104

Objetivo *desafiante* significa ambicioso, pero alcanzable. Si no es ambicioso no moviliza las energías; entraña un desaprovechamiento de oportunidades. Pero si es demasiado ambicioso, si es inalcanzable, puede ser una mala guía para la asignación de recursos; y además el fracaso en el logro tiende a operar como factor desmotivante de la gente.

La tendencia al *mejoramiento permanente* se lleva a cabo tratando que el objetivo de hoy sea más ambicioso que el de ayer, y el de mañana más que el de hoy. La elaboración de planes de acción y el control ulterior de resultados (análisis de causas de desvíos, identificación de nuevos problemas, etcétera) entrañan un verdadero proceso de aprendizaje, y este proceso da pie para ir planteando mayores desafíos. Este concepto es similar al de innovación o mejora permanente en el que han hecho tanto hincapié propuestas como las de la excelencia y de la calidad total.

Objetivos – Fijación – Especificación

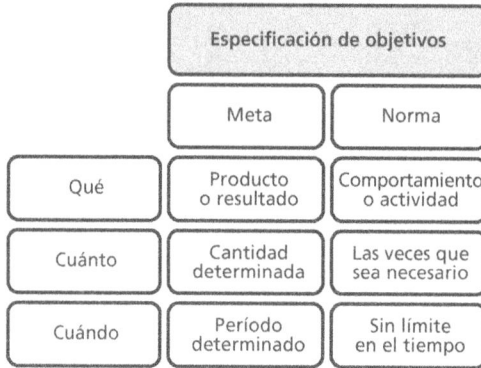

Especificación de objetivos		
	Meta	Norma
Qué	Producto o resultado	Comportamiento o actividad
Cuánto	Cantidad determinada	Las veces que sea necesario
Cuándo	Período determinado	Sin límite en el tiempo

M 42 - pág. 100 ◀•• En el módulo OBJETIVOS – FIJACIÓN – ANTECEDENTES indicamos los distintos antecedentes a tener en cuenta para identificar objetivos. Es habitual que ellos generen un primer listado que contenga demasiados objetivos y que además algunos no estén debidamente especificados. Entonces corresponde depurar el primer listado para concentrarse en los objetivos prioritarios y específicos.

M 43 - pág. 102 ◀•• En el módulo OBJETIVOS – FIJACIÓN – CONDICIONES tratamos la cuestión de los objetivos prioritarios. Una vez seleccionado el objetivo prioritario, es necesario expresarlo en términos específicos, lo cual requiere el indicador de desempeño correspondiente. Por ejemplo, si se establece un objetivo de mejora de la productividad en un sector determinado, para especificarlo es necesario identificar el indicador de desempeño que habrá de medir el atributo perseguido. Supongamos ahora que el objetivo es mejorar la productividad de los seleccionadores de personal que pertenecen al área de recursos humanos; el indicador de desempeño podría ser el promedio de entrevistas mensuales de cada seleccionador.

Sobre la base del indicador correspondiente, hay que especificar el objetivo. Vale decir, fijar la meta. Las metas son objetivos expresados en términos específicos, mensurados y acotados en el tiempo. Pueden ser cuantitativas/acumulativas (monetarias y no monetarias), así como también referirse a puntos de avance o a la terminación de un proyecto. Siguiendo con el ejemplo del párrafo anterior, la meta podría ser de cuarenta entrevistas por mes.

Puede haber objetivos prioritarios cuya conversión en metas resulta problemática, debido a la dificultad de identificar un adecuado indicador de desempeño. Por ejemplo, desarrollar el trabajo en equipo. En tales situaciones existen tres posibilidades:

- Elegir un indicador indirecto. Por ejemplo, un indicador de productividad, en la hipótesis de que una mejora en el trabajo en equipo habrá de producir un incremento en la productividad respectiva.

- Establecer un indicador de desempeño basado en las encuestas que preguntan por atributos inherentes al objetivo buscado.

- Renunciar a establecer un indicador para el objetivo perseguido, considerando que un indicador no necesariamente mide el atributo perseguido y que no es conveniente emplear un indicador fundado en encuestas.

Si se pretende mantener el objetivo establecido, la tercera alternativa requiere de un sustituto de la meta. La solución puede pasar por convertir el objetivo en una norma de conducta. Si el objetivo no deviene en meta o norma de conducta, queda en la nada.

Las normas de conducta no se refieren a un producto o resultado, sino a comportamientos o actividades; no implican una cantidad determinada, sino que deben cumplirse todas las veces que sea menester; en general, no se establecen por un período determinado, sino que habrán de estar vigentes en tanto no se modifiquen.

Como principio general, es conveniente tratar de medir todo lo medible. Pero no todo es medible. El buen management debe saber combinar el planeamiento y el control basado en objetivos específicos (lo medible) con su influencia en el comportamiento sobre la base del liderazgo, los valores, la prédica con el ejemplo.

Pareto
Ley

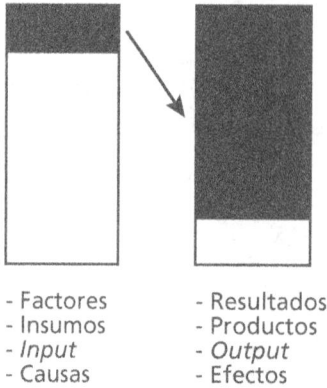

- Factores	- Resultados
- Insumos	- Productos
- *Input*	- *Output*
- Causas	- Efectos

La enunciación de la denominada "ley de Pareto" es atribuida a Vilfredo Pareto, economista y sociólogo italiano (1848-1923). Esta ley dice que pocos factores suelen tener una influencia significativa sobre los resultados, en tanto que muchos tienen una influencia menor. La ley de Pareto es también conocida como la regla del 80-20, que puede ilustrarse con los siguientes ejemplos:

- 80% de las ventas en dinero proviene de 20% de los artículos.

- 80% del valor de los activos está constituido por 20% de los rubros.

- 80% de los problemas de personal proviene de 20% de los empleados.

Claro está que la asignación de porcentajes (80 y 20) constituye una forma convencional de expresar el concepto. Va implícito que los porcentajes reales bien pueden ser otros.

Dicha ley o regla implica que la clave de la eficiencia es identificar claramente ese "20%" de factores que componen "80%" de los resultados, y concentrar las energías en dichos factores.

Un desarrollo de la ley de Pareto es el concepto del *ABC*, en donde la relación entre factores y resultados se desglosa en tres niveles, en vez de dos, a saber:

- Nivel A. Unos pocos factores tienen un gran impacto sobre el resultado.

- Nivel B. Una cantidad mayor de factores tiene un impacto significativo sobre los resultados, pero proporcionalmente bastante menor que el nivel A.

- Nivel C. Una gran cantidad de factores tiene un impacto poco significativo sobre los resultados.

La idea del ABC ha sido utilizada, por ejemplo, para establecer controles sobre los inventarios: los artículos calificados como A son objeto de controles especiales, los calificados como B tienen controles normales, y los calificados como C son materia de controles menores, porque el beneficio de un mayor control no compensaría su costo.

Planeamiento estratégico
Metodología general del proceso

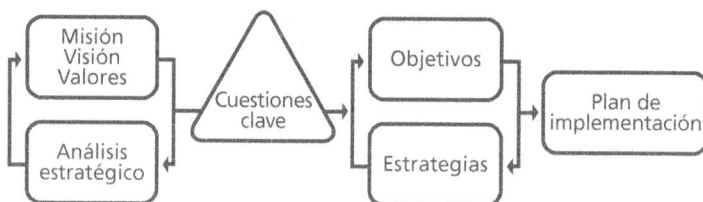

El proceso de planeamiento estratégico, especialmente el deliberado, incluye las etapas siguientes:

a. Definir la misión, la visión y los valores.

b. Realizar el análisis estratégico.

c. Identificar cuestiones estratégicas clave.

d. Definir objetivos y estrategias.

e. Sentar las bases del plan de implementación.

M 17 - pág. 56 ◀•• En el módulo ESTRATEGIA DE LA ORGANIZACIÓN – CONTENIDO se hace referencia a la misión, la visión y los valores (etapa A) y a los objetivos y las estrategias (etapa D).

M 01 - pág. 24 ◀•• En el módulo ANÁLISIS ESTRATÉGICO se trata la etapa B.

La relación entre A y B tiende a ser circular; por ejemplo, la misión de una empresa condiciona su análisis de fuerzas y debilidades; pero, a su vez, este análisis puede derivar en una revisión de la misión. Lo mismo ocurre entre los objetivos y las estrategias; por ejemplo, un objetivo de crecimiento dispara una estrategia consecuente, y, asimismo, la dificultad en aplicar determinada estrategia puede justificar un replanteo del objetivo de crecimiento.

Como corolario del análisis estratégico, y antes de formular objetivos y estrategias, es importante ponerse de acuerdo en la identificación de las *cuestiones estratégicas clave*, que implica el planteo de cursos de acción alternativos de alto impacto en la organización, planteo que es previo a la elección del curso de acción que se debe seguir. Tal acuerdo permite concentrar el proceso de formulación de objetivos y estrategias en los aspectos verdaderamente prioritarios, inherentes a la estrategia propiamente dicha, y evita distraerse con cuestiones no prioritarias desde el punto de vista estratégico.

Las bases del plan de implementación radican en tres canales fundamentales:

- La asignación de responsabilidades específicas a los puestos respectivos de la pirámide organizacional; por ejemplo, la ejecución de cierta estrategia comercial al gerente de marketing.

- La constitución de equipos de proyecto para llevar adelante iniciativas de carácter intersectorial; por ejemplo, la reingeniería de un proceso que cruza múltiples sectores de la organización. M 24 - pág. 67

- El liderazgo gerencial necesario para alinear a las personas con la estrategia establecida.

Planeamiento estratégico
Proceso emergente o deliberado

	"Emergente"	"Deliberado"
Por qué - Disparador	Idea - Nueva info	Plan del plan
Cuándo - Momento	Cualquiera	Reunión convocada
Dónde - Lugar	Cualquiera	"Retiro"
Qué - Enfoque	Incremental fragmentado	Integral
Cómo - Proceso	Disperso	Metódico
Quiénes - Participación	Ocasional	Organizada

El proceso de planeamiento estratégico puede ser "emergente" o "deliberado":

- El *emergente* ocurre en cualquier momento, como parte del trabajo cotidiano, en forma espontánea y dispersa, y su enfoque tiende a ser parcial. Por ejemplo, cierta información novedosa es percibida como una oportunidad adicional que brinda el entorno; y para aprovechar la oportunidad se fijan nuevos objetivos y metas, y se formulan las estrategias consecuentes.

M 46 - pág. 108   ◄••

- El *deliberado*, en cambio, implica dedicar al planeamiento estratégico un período concentrado, con un enfoque integral de la organización o unidad, empleando la metodología pertinente. Tal concentración entraña una especie de retiro, para evitar las interrupciones que acarrea la operación, para lo cual suele ser preferible un sitio apartado del lugar de trabajo cotidiano. Este retiro hace que sea necesario organizar la participación de las personas correspondientes.

Ambos tipos de proceso son complementarios y no excluyentes. Una organización debe prestar atención a la estrategia en forma permanente, e ir adaptando el rumbo conforme a las circunstancias. Pero es bueno reforzar el proceso emergente con sesiones periódicas destinadas al proceso deliberado.

Planeamiento
Proceso general

M 48

⏪
Módulo
antecedente
50

| Definición de funciones | Reunión de antecedentes | Fijación de objetivos | Planes de acción |

Este módulo es aplicable al planeamiento de un sector de la organización. Sin embargo, su contenido o una parte de él pueden ser aplicables a otros tipos de planeamiento.

El proceso de planeamiento comprende las etapas siguientes:

1. Definición de funciones.

2. Reunión de antecedentes.

3. Fijación de objetivos.

4. Planes de acción.

La definición de funciones (etapa 1) está dada por la estructura organizativa, que normalmente se sintetiza en un organigrama. Además, suele haber un manual de funciones o una descripción de puestos.

Las etapas 2 y 3 las tratamos en los módulos OBJETIVOS – FIJACIÓN – ANTECEDENTES, OBJETIVOS – FIJACIÓN – CONDICIONES y OBJETIVOS – FIJACIÓN – ESPECIFICACIÓN.

••▶ M 42 - pág. 100
••▶ M 43 - pág. 102
••▶ M 44 - pág. 104

Los planes de acción incluyen el desarrollo de los cursos de acción correspondientes y el plan de implementación. Al respecto son aplicables los módulos respectivos correspondientes a las distintas etapas y pasos del proceso RP/TD.

••▶ M 66 - pág. 147

Planeamiento y control
Campos

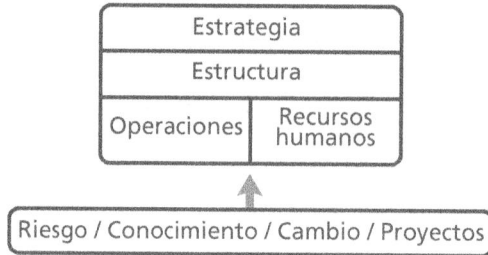

M 47 - pág. 110   ◀••

M 17 - pág. 56   ◀••

M 03 - pág. 29   ◀••

En muchos textos se hace la distinción entre "estrategia", "táctica" y "operación"; vale decir, entre planeamiento estratégico, táctico y operativo. A nosotros nos resulta más claro diferenciar el primer término del conjunto de los otros dos; en el módulo ESTRATEGIA DE LA ORGANIZACIÓN – CONTENIDO indicamos que la estrategia contiene las decisiones de más alto nivel inherentes al sistema objeto de planeamiento. Pero de aquí para abajo encontramos cuestionable hacer un corte general entre la táctica y la operación. Vemos más bien un proceso que baja gradualmente en cascada, en donde el concepto más aplicable nos parece el de CADENA DE MEDIOS-FINES, que presentamos en el módulo respectivo.

En lugar de intentar una categorización por niveles (debajo del planeamiento estratégico), *preferimos diferenciar campos de acción*. En este orden, distinguimos lo siguiente:

- El diseño de la estructura organizativa.

M 51 - pág. 116   ◀••
M 22 - pág. 64   ◀••

- El planeamiento de dos campos "primarios" profundamente interrelacionados; por un lado, el de las operaciones y, por el otro, el de los recursos humanos.

M 23 - pág. 65   ◀••
M 21 - pág. 63   ◀••
M 20 - pág. 62   ◀••
M 24 - pág. 67   ◀••

- Cuatro procesos "adicionales" que incursionan respectivamente en determinados aspectos, por lo común bastante críticos: el riesgo, el conocimiento, el cambio y los proyectos.

Dado un campo de planeamiento, cabe el respectivo control. En consecuencia, lo dicho precedentemente es aplicable tanto al planeamiento como al control. Hoy está bastante generalizada la palabra "gestión" para encabezar la indicación de cualquiera de dichos campos.

Para profundizar este tema, recomendamos el apéndice general, titulado "Modelo de Análisis Organizacional", del libro *El cambio del comportamiento en el trabajo*, de Santiago Lazzati (Granica, 2008).

Planeamiento y control
Conceptos básicos

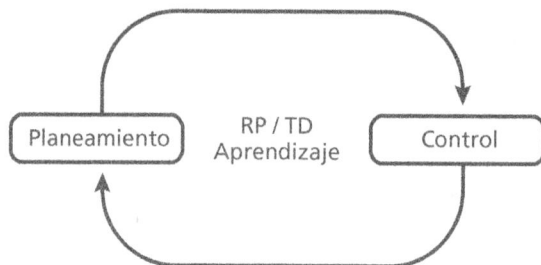

El planeamiento y el control constituyen dos funciones fundamentales de la administración o el management. En los libros de texto de administración se suelen distinguir cuatro funciones principales: planificar, organizar, dirigir/liderar y controlar. En este sentido, organizar (diseñar la estructura organizativa, asignar recursos, etcétera) es parte del planeamiento, en el sentido más amplio de esa palabra.

El planeamiento está orientado a la acción. Consiste en fijar objetivos y en diseñar los elementos, asignar los recursos y programar las actividades conducentes al logro de los objetivos fijados. Implica tomar decisiones por anticipado. Por lo tanto, es un proceso de RP/TD que responde a la metodología general de este proceso: examen de la problemática, desarrollo de cursos de acción e implementación. Esto lo indicamos también en el módulo RP/TD – RELACIÓN CON PLANEAMIENTO.

M 69 - pág. 156 ◀••

El planeamiento requiere identificar su campo de acción, que puede ser una organización tomada en conjunto, un sector de ella o cualquier otro tipo de unidad. Por ello le es aplicable el MODELO DE SISTEMAS que presentamos en el módulo respectivo.

M 41 - pág. 98 ◀••

La palabra *control* posee varios significados. En el *Diccionario de la Real Academia* tiene diversas acepciones; las dos primeras son:

- Comprobación, inspección, fiscalización, intervención.

- Dominio, mando, preponderancia.

En cuanto al objeto del planeamiento, las posibilidades de control incluyen revisar el diseño de los elementos pertinentes y la asignación de recursos, así como también supervisar la ejecución de las actividades programadas; pero el control por excelencia consiste en comparar los objetivos propuestos con el desempeño logrado. Esto da lugar al análisis de la diferencia entre ambos términos, que puede resultar en la identificación de nuevos problemas y en la modificación o amplificación del planeamiento establecido. Además, tal comparación y su análisis suelen ser una fuente importante de aprendizaje.

En síntesis, entre planeamiento y control existe una *relación circular* que se repite a lo largo del tiempo: el control sigue al planeamiento y este se recrea en función del control; o sea que a su vez el planeamiento sigue al control.

En el módulo PLANEAMIENTO Y CONTROL – CAMPOS se indican los módulos que tratan los distintos campos de acción de las funciones de planeamiento y control. Sin embargo, tales campos responden a un proceso general común que esbozamos en el módulo respectivo.

••▶ M 49 - pág. 112

••▶ M 48 - pág. 111

Planeamiento y control de las operaciones

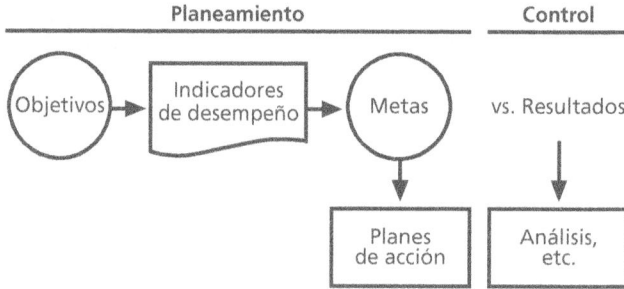

En una organización, la operación está compuesta por:

- Los *recursos* operativos, tangibles (financieros y físicos) e intangibles (tecnología, marcas y patentes, posición en el mercado, clientela, acceso a proveedores, etcétera).

- Los *procesos* operativos, que abarcan dos tipos de actividades:

  - Las "primarias", constituidas por la logística de entrada (incluye el abastecimiento), la producción, la prestación de servicios, la logística de salida y la comercialización (marketing y ventas).

  - Las "de apoyo", inherentes a la investigación y el desarrollo, la administración general (incluye la contabilidad y los impuestos), las finanzas, los recursos humanos, la informática, el aseguramiento de la calidad, los asuntos legales, la auditoría, etcétera.

- Los *productos* de la operación consisten en los bienes tangibles y los servicios que se brindan a los clientes.

El planeamiento y el control de las operaciones focalizan dichos elementos y actividades, incluyendo las tareas de las personas en la operación, todo apuntando directamente al logro de resultados.

En el planeamiento y el control de las operaciones se aplica especialmente lo indicado en términos generales en los módulos que enunciamos a continuación:

M 50 - pág. 114 ◀•• • PLANEAMIENTO Y CONTROL – CONCEPTOS BÁSICOS.

M 40 - pág. 111 ◀•• • PLANEAMIENTO – PROCESO GENERAL.

Como corolario de tal aplicación, destacamos lo siguiente. El planeamiento y el control de las operaciones se nutren de la llamada *administración (o dirección) por objetivos (o por resultados)*: para ciertos puestos de la estructura organizativa se definen objetivos específicos en términos de resultados a lograr (que denominamos "metas"), coherentes con los objetivos de superiores y pares; o sea, alineados con la estrategia de la organización. La fijación de objetivos influye sobre la motivación de las personas, actúa como parámetro en el control de los resultados y, unida a este control, sirve de referencia para la evaluación y la asignación de recompensas. También puede ser útil para otras funciones de la gestión de los recursos humanos, como la identificación de necesidades de capacitación.

En sustancia, el *control presupuestario* forma parte de la administración por objetivos; se concentra en aquellos objetivos expresados en partidas de los estados contables (definiendo el presupuesto como estados contables proyectados).

Preguntas clave

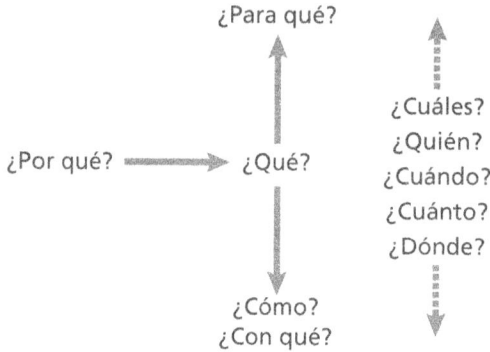

¿Para qué?

¿Por qué? ⟶ ¿Qué?

¿Cuáles?
¿Quién?
¿Cuándo?
¿Cuánto?
¿Dónde?

¿Cómo?
¿Con qué?

M 66 - pág. 147 ◀•• En cualquier momento del proceso de RP/TD, es clave formular las preguntas pertinentes, a fin de obtener más información, generar nuevas ideas o promover el juicio crítico. Se ha dicho que muchas veces es más provechoso plantear las preguntas apropiadas que apurar las respuestas correctas.

En este orden, existe una batería de diez preguntas básicas que conviene tener siempre en cuenta, para echar mano a cualquiera de ellas según las circunstancias. Estas preguntas son las siguientes:

¿Qué?

¿Para qué?

¿Cómo?

¿Con qué?

¿Por qué?

¿Cuáles?

¿Quién?

¿Cuánto?

¿Cuándo?

¿Dónde?

M 03 - pág. 29 ◀•• Las preguntas *qué*, *para qué* y *cómo* las examinamos en el módulo sobre la CADENA DE MEDIOS-FINES. La pregunta *con qué* tiene mucho que ver con el *cómo*.
La pregunta *por qué* puede usarse como sinónimo de *para qué*, en sentido proyectivo, persiguiendo la definición del objetivo de nivel superior. Pero también puede emplearse en sentido retrospectivo, buscando la causa de lo ocurrido. En aras de la

claridad, preferimos habitualmente usar la pregunta *para qué* en sentido proyectivo, limitando la pregunta *por qué* al sentido retrospectivo.

Las preguntas *cuáles, quién, con qué, cuánto, cuándo* y *dónde* están orientadas a precisar aspectos inherentes al diagnóstico de la situación, a la fijación de objetivos, al desarrollo de cursos de acción o a la implementación.

Problema
Aprovechamiento de oportunidades

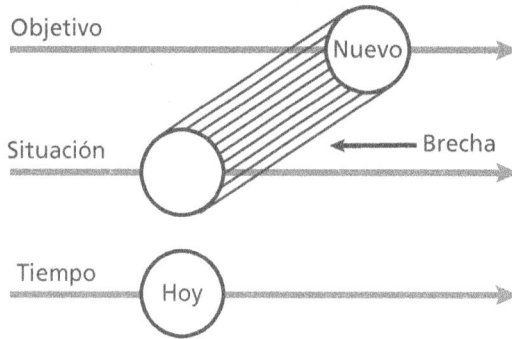

El aprovechamiento de oportunidades tiene lugar cuando, a partir de un objetivo general (explícito o implícito), y casi siempre a raíz de una nueva información, se plantea la posibilidad de desarrollar nuevos objetivos. En este caso, de todos modos, se genera una brecha entre la situación actual o proyectada y el objetivo, lo cual equivale a un problema.

M 41 - pág. 98 ◀•• Tomando como telón de fondo el MODELO DE SISTEMAS que presentamos en el módulo respectivo, podemos decir que las oportunidades pueden provenir:

- del macro-sistema o entorno;

- del intento de mejorar el propio sistema (lo cual no necesariamente implica un problema negativo); o

- de una combinación de ambas cosas.

M 01 - pág. 24 ◀•• De lo antedicho se desprende que cabe aplicar el ANÁLISIS ESTRATÉGICO, que tratamos en el módulo pertinente. Este análisis puede hacerse intentando cubrir integralmente las fortalezas y debilidades del sistema, y las oportunidades y amenazas del macrosistema; o bien concentrándose en aquellos aspectos que atañen a la oportunidad vislumbrada.

En el aprovechamiento de oportunidades, el examen de la problemática (primera etapa) consiste entonces en dicho análisis interno y externo. Sobre la base de este análisis, se encara luego el desarrollo de cursos de acción (segunda etapa).

Tomemos un ejemplo para ilustrar el aprovechamiento de oportunidades y su dife-
M 55 - pág. 124 ◀•• rencia con el problema negativo. Supongamos que un sector de la empresa afronta un problema: su productividad no responde a los estándares prefijados. En este caso

se trata de un problema negativo. Mas, por otra parte, imaginemos que la productividad responde a los estándares prefijados, pero que el sector decide encarar su mejoramiento, aprovechando avances tecnológicos que aparecen en el mercado. En esta segunda alternativa ya no se trataría de un problema negativo, sino del aprovechamiento de oportunidades.

El ejemplo precedente sirve para ilustrar lo relativo a la distinción entre el problema negativo y el aprovechamiento de oportunidades. La distinción depende de si se parte o no de la hipótesis de que no se ha cumplido un objetivo prefijado. Planteada la intención de mejorar, la distinción puede ser irrelevante. Esto nos lleva a que la metodología del análisis del problema negativo bien puede combinarse con la del aprovechamiento de oportunidades.

••▶   M 55 - pág. 124

Problema
Encuadre

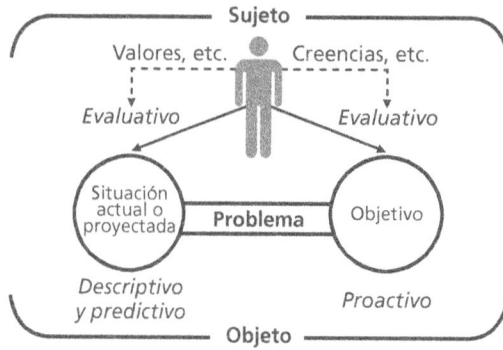

M 62 - pág. 138 ◀••   En el módulo RP/TD – CONCEPTOS FUNDAMENTALES observamos que un problema es una brecha entre una situación actual o proyectada y un objetivo; y que la caracterización del problema es algo que depende del o los sujetos que encaran la situación.

Dicha caracterización opera en cuatro planos:

- El descriptivo (qué es o qué ocurre).

- El predictivo (qué va a ser o qué puede ocurrir).

- El evaluativo (bueno o malo, adecuado o inadecuado, mejor o peor, etcétera).

- El normativo (qué debe lograrse o hacerse). También podría denominarse proactivo.

Como objeto de atención, la situación actual o proyectada pertenece a los planos descriptivo y predictivo, respectivamente; el objetivo corresponde al plano proactivo. Pero la caracterización del problema por parte del o los sujetos debe incursionar en el plano evaluativo, tanto para diagnosticar la situación como para elegir el objetivo. Y esta perspectiva del sujeto merece dos observaciones:

Por un lado, en el diagnóstico de la situación el sujeto tiende a introducir conceptos normativos, fundados principalmente en su escala de valores. Por ejemplo, si el consultor de una empresa cree que en general es conveniente un estilo de liderazgo altamente participativo, es probable que vea como inadecuados ciertos comportamientos directivos del dueño de la empresa; en cambio, puede que considere adecuados los mismos comportamientos si parte de una teoría distinta en cuanto al estilo de liderazgo preferible en la situación.

Por otro lado, en la definición del objetivo, el sujeto suele incluir conceptos inherentes al plano predictivo, basado fundamentalmente en sus creencias. Esto tiene que ver con que en la definición del objetivo suele haber un margen de maniobra entre un objetivo ideal o de máxima y lo que se vislumbra como un objetivo alcanzable. Siguiendo con el ejemplo del consultor, aunque opine que los comportamientos observados son inadecuados, cabe que no los encare como una brecha a superar, porque parte de la base de que el dueño de la empresa, dados sus rasgos de personalidad, es incapaz de cambiar sus comportamientos.

El fenómeno indicado ocurre en distintas etapas del proceso de RP/TD: en la definición del problema a resolver, en la evaluación y elección de los cursos de acción, y en el plan de implementación.

M 66 - pág. 147

Por último, queremos poner de relieve lo siguiente: por más que se intente ser objetivo, y en general es bueno hacerlo, es imposible evitar la subjetividad. Lo importante es tener claros los supuestos que subyacen en los juicios de valor, sobre todo en los procesos grupales.

Problema negativo
Análisis

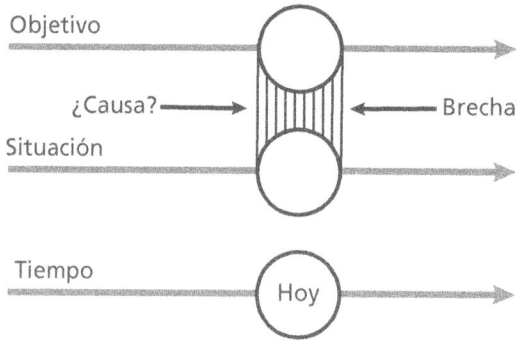

El problema negativo existe cuando la situación actual ya no responde a un objetivo prefijado; o sea, cuando "no estoy donde quería estar".

Kepner y Tregoe recomiendan los pasos siguientes para el análisis del problema negativo, actividad que ellos denominan simplemente "análisis de problemas":

1. Enunciado preliminar del problema. Esto implica la identificación del objetivo y el reconocimiento de un desvío con respecto al cumplimiento del objetivo.

2. La profundización del enunciado del problema en sus cuatro dimensiones de identidad, ubicación, tiempo y magnitud, a través de las preguntas qué, dónde, cuándo y cuánto. Esto lleva a precisar "qué es" y "qué no es" el problema.

3. La búsqueda de "distingos" o detalles que caractericen lo que el problema es en las cuatro dimensiones indicadas en el paso anterior.

4. El examen de cada distingo para determinar si además representa un "cambio" en el desarrollo de los acontecimientos.

5. La concepción de posibles causas del problema, tomando en cuenta los distingos y cambios.

6. La evaluación de la validez de las relaciones de causa-efecto concebidas.

7. La verificación de la verdadera causa del problema.

Todos los pasos indicados requieren la obtención de la información pertinente.

En síntesis, el análisis del problema negativo.

- parte de un objetivo prefijado y de un enunciado preliminar del problema;

- comprende la obtención y el análisis de información inherente al problema; y

- concluye con la especificación del problema y la determinación de sus causas.

◀◀
Módulo
antecedente
58

Problema potencial
Análisis

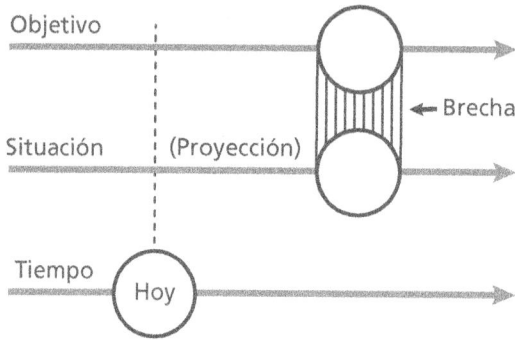

M 39 - pág. 94 ◀••

En varios textos el análisis de problemas potenciales se distingue del análisis de problemas negativos. Por ejemplo, Kepner y Tregoe, en su libro *El nuevo directivo racional* (McGraw-Hill, México, 1983), dicen lo siguiente:

"El Análisis de Problemas Potenciales es un procedimiento que nos permite caminar hacia el futuro, ver lo que puede depararnos, y regresar al presente para actuar ahora que podemos obtener el mayor beneficio. Por su parte, el Análisis de Problemas (desvíos actuales) y el Análisis de Decisiones (de cursos de acción) se usan cuando resultan necesarios para resolver preocupaciones inmediatas y visibles. El uso del Análisis de Problemas y de Decisiones lo requieren los casos del momento; el uso del Análisis de Problemas Potenciales es un acto voluntario de prudencia".

Según Kepner y Tregoe, el análisis de problemas potenciales comprende los cuatro pasos siguientes:

1. Identificación de las áreas críticas.

M 55 - pág. 124 ◀••

2. Identificación de problemas potenciales específicos. Esto implica una problemática de *qué, dónde, cuándo* y *cuánto* análoga a la indicada para los problemas negativos.

3. Identificación de causas probables y de acciones preventivas.

4. Identificación de acciones contingentes.

Como puede colegirse, el análisis de problemas potenciales es al futuro lo que el análisis de los problemas negativos es al presente y al pasado, con la diferencia de que el primero:

• Requiere más imaginación (no es lo mismo concebir el futuro que examinar el presente o el pasado).

• Tiene la posibilidad de contemplar acciones preventivas y contingentes.

El análisis de problemas potenciales puede encararse como

1. Un complemento del análisis de problemas negativos. Al respecto, téngase en cuenta que el carácter actual o potencial de un problema puede ser relativo: un mismo problema bien puede tener connotaciones actuales y connotaciones futuras. Por ejemplo, una retracción en la demanda de los productos de la empresa significa un problema actual (caída en las ventas en comparación con los objetivos fijados); pero esta misma situación entraña un problema potencial porque se proyecta que dicha retracción habrá de continuar en el futuro.
••▶ M 55 - pág. 124

2. Una parte de la evaluación de cursos de acción. Por ejemplo, la empresa está evaluando diversas alternativas para aumentar sus ventas. Una de ellas es abrir una sucursal en un país extranjero. Y en este país existe la probabilidad de que se implanten restricciones a las inversiones extranjeras.
••▶ M 12 - pág. 46

3. Un proceso separado. El análisis de problemas potenciales puede plantearse a raíz de nuevos elementos de juicio que ameritan revisar o proteger una decisión tomada con anterioridad. Por ejemplo, la empresa ya ha decidido sus objetivos, estrategias y políticas de venta, pero ahora se anuncia en los periódicos que es probable que se produzca una retracción en la demanda.

Problemas
Priorización

Módulo
antecedente
58

1. Reconocer la situación
2. Separar las situaciónes en componentes manejables
3. Establecer prioridades
4. Planear la resolución de las situaciones

M 66 - pág. 147

Tanto al iniciarse un proceso de RP/TD como en un momento posterior, pueden aparecer diversos problemas diferentes, ya sea porque intencionalmente se comienza con un listado de problemas o porque ulteriormente el análisis de un problema determinado deriva en la identificación de varios problemas separables. Por ejemplo, es común que en las empresas se hable de un problema de motivación. Sin embargo, el examen de la problemática suele provocar su desglose en varios problemas concretos y diferenciables: remuneraciones, evaluaciones, capacitación, estilo gerencial, clima organizacional, naturaleza de las tareas, etcétera.

Dicho inventario de problemas plantea la posibilidad o conveniencia de establecer prioridades, con el propósito de elegir cuál problema atacar primero, cuál atacar después, y tal vez cuál no atacar ni ahora ni nunca. Esto da lugar al denominado "análisis de preocupaciones".

M 39 - pág. 94

Algunos autores (Kepner y Tregoe, por ejemplo) presentan el análisis de preocupaciones o su equivalente como una etapa o proceso separado. Esto es perfectamente válido. Sin embargo, nosotros preferimos ubicar dicho análisis como una parte del examen de la problemática, porque la priorización no necesariamente constituye una etapa preliminar separada. De todos modos, esta es una cuestión bastante convencional.

Según Kepner y Tregoe, el análisis de preocupaciones, que ellos llaman "análisis de situaciones", comprende los pasos siguientes.

1. Reconocer la situación. Esto implica tanto situaciones actuales como futuras; ya sea desviaciones, amenazas y oportunidades.

2. Separar las situaciones en componentes manejables. Esto requiere:

- Desglosar situaciones amplias en situaciones más pequeñas, definidas con mayor claridad.

- Enumerar situaciones adicionales que deben ser resueltas.

3. Establecer prioridades. Esto incluye evaluar la urgencia, la tendencia y el impacto (sobre los recursos, la gente, la productividad, etcétera) de los problemas involucrados en las situaciones.

4. Planear la resolución de las situaciones. Esto significa:

- Seleccionar el tipo de proceso apropiado para resolver cada situación.

- Planear el *quién*, el *qué*, el *dónde* y el *cuándo* de la resolución.

En el paso tercero se señalan tres factores para establecer prioridades: urgencia, tendencia e impacto. Los dos últimos pueden resumirse en un solo concepto: la importancia. Sobre esta base cabe establecer con carácter general el siguiente orden de prioridades:

1. Urgente e importante.

2. Urgente o importante.

3. Ni urgente ni importante.

Problemática
Examen

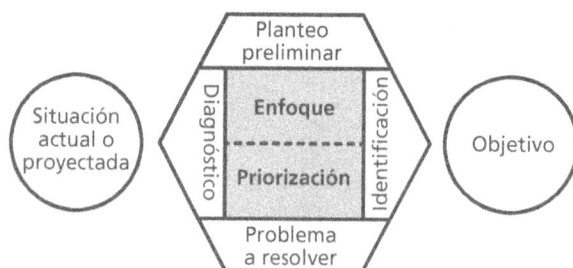

La primera etapa del proceso RP/TD arranca generalmente con el planteo preliminar de un problema o de una serie de problemas. La idea es examinar la problemática para formular debidamente qué es lo que hay que resolver, antes de lanzarse a los cursos de acción en busca de soluciones. Tal examen suele entrañar el ejercicio de cuatro funciones: el enfoque de la problemática, la priorización de problemas, la identificación del objetivo inicial y el diagnóstico de la situación.

Estas funciones no deben ejercerse necesariamente en este orden. Puede ocurrir que se arranque con un problema cuyo enfoque inicial es clave, pero que luego su análisis desagregue la problemática en varios problemas separables, y que recién entonces aparezca la conveniencia de establecer prioridades. O bien puede suceder lo contrario: que se comience con un listado de múltiples problemas, y que desde el inicio sea preciso definir cuál problema se va a encarar ahora y cuál no.

Enfoque de la problemática

El planteo preliminar no necesariamente constituye el problema o los problemas concretos que conviene resolver. Por ejemplo, frente a cierta falta de fondos, alguien postula la necesidad de reducir los costos, pero un examen en profundidad demuestra que la cuestión pasa más por incrementar los ingresos que por reducir gastos.

Existen diversos conceptos o modelos que pueden servir de ayuda para mejorar el enfoque de la problemática. De todos ellos, creemos que aquí vale la pena destacar tres:

M 03 - pág. 29 ◀••
1. El concepto de la cadena de medios-fines, que, entre otras cosas, facilita la visión de la interrelación de objetivos de mayor nivel con objetivos de menor nivel.

M 41 - pág. 98 ◀••
2. El modelo de sistemas, que permite distinguir convencionalmente el sistema objeto de examen y el macro-sistema, y que sobre esta base descompone el sistema en términos de *input*, proceso y *output*.

3. Las ideas acerca del pensamiento sistémico y otras disciplinas que tan bien ha tratado Peter Senge en su obra *La quinta disciplina*. ••▶ M 70 - pág. 157

Diagnóstico de la situación

En el módulo RP/TD – CONCEPTOS FUNDAMENTALES se distinguen cuatro tipos de ••▶ M 62 - pág. 138
problemas:

1. El problema negativo. ••▶ M 55 - pág. 124

2. El problema potencial. ••▶ M 56 - pág. 126

3. El problema de implementación. ••▶ M 28 - pág. 74

4. El aprovechamiento de oportunidades. ••▶ M 53 - pág. 120

A su vez, en los módulos respectivos se analiza por separado cada uno de estos tipos de problemas. Sin embargo, cabe aclarar que en la problemática real dicha tipología no se da en forma pura. Suele ocurrir que se combinen o mezclen dos o más tipos de problemas. Sin embargo, la clasificación indicada es válida y útil a los fines metodológicos.

RP/TD
Actividades y atributos de las personas

Actividad	Atributo destacable
1. Incorporar y analizar información	Conocimiento y capacidad de análisis
2. Generar ideas	Creatividad
3. Plantear cuestiones	Capacidad de síntesis
4. Evaluar alternativas*	Juicio crítico
5. Concluir acerca de la alternativa preferible	Orientación a la acción

M 68 - pág. 152 ◀•• Cada una de las cinco actividades presentadas en el módulo RP/TD – PROCESOS DIVERGENTE Y CONVERGENTE requiere un distinto énfasis en los atributos de las personas que participan. Esta distinción puede ser muy útil para la planificación y la conducción de los procesos de RP/TD, especialmente de los grupales.

La incorporación de la información necesaria implica la intervención de ciertos individuos que estén en condiciones de aportar el conocimiento pertinente; o bien de la aptitud para adquirirlo (esto último demanda habilidades como observar, investigar, escuchar, etcétera). Y para analizar la información se precisa, obviamente, capacidad analítica.

M 08 - pág. 40 ◀•• La creatividad es el atributo personal por excelencia para la generación de ideas. Ella no significa necesariamente imaginar algo completamente nuevo; muchas veces combina o adapta ideas ya conocidas, pero provocando enfoques distintos o caminos novedosos.

El planteo de una cuestión implica extraer lo sustancial de la acumulación de información y de ideas, lo cual demanda capacidad de síntesis.

Si median alternativas, corresponde evaluarlas; por ejemplo, problemas múltiples en un análisis de preocupaciones, posibles causas en el análisis de un problema negativo, opciones en los cursos de acción, etcétera. Y la evaluación es el camino de la decisión por la cual se deberá elegir una de las alternativas. Vale decir que la evaluación consiste en la ponderación de los pros y los contras de cada alternativa, a fin

---

* Según el *Diccionario de la Real Academia Española*, la palabra "alternativa" puede emplearse en dos sentidos:
  • Primera acepción: "Opción entre dos o más cosas".
  • Segunda acepción: "Cada una de las cosas entre las cuales se opta".
  En este texto usamos dicha palabra en el segundo sentido.

de quedarse con una y descartar las otras. Esto requiere especialmente el atributo personal de juicio crítico.

La conclusión acerca de la alternativa preferible implica "jugarse" por una de ellas. En las decisiones difíciles esto acostumbra demandar cierta orientación a la acción, para ir adelante a pesar de la incertidumbre y de la ambigüedad, para asumir riesgos, para luchar contra las resistencias probables, para encarar medidas necesarias pero desagradables desde el punto de vista personal, etcétera.

La identificación del atributo que aparece como destacable para la actividad respectiva no significa que para ella dejan de tener importancia los atributos destacados para las demás actividades. El conocimiento y la capacidad de análisis operan no solo para incorporar información, sino que también sirven de base para el desarrollo de las otras funciones. La creatividad influye en la evaluación, pues muchas veces se necesita imaginar consecuencias o implicancias de las alternativas que se están evaluando. Y, en fin, todos los atributos convergen, juntamente con la orientación a la acción, al momento de la conclusión.

El tema tiene también que ver con "los cuatro roles del proceso creativo" (expandiendo la aplicación de la palabra "creatividad" a todo el proceso de toma de decisiones), que propone Roger Von Oech en su libro *A Kick in the Seat of the Pants* ("Un puntapié en el asiento de los pantalones"): el explorador, el artista, el juez, el soldado.

Como corolario de estos roles, Von Oech sintetiza las siguientes recomendaciones:

1. Cuando estás buscando nueva información, debes ser un explorador.

2. Cuando estás convirtiendo tus recursos en nuevas ideas, debes ser un artista.

3. Cuando estás evaluando los méritos de una idea, debes ser un juez.

4. Cuando estás llevando la idea a la acción, debes ser un soldado.

Lo antedicho significa que individualmente es conveniente tomar en cuenta las fortalezas y debilidades personales *vis a vis* la actividad correspondiente, y, si es necesario, pedir la colaboración de otras personas para reforzar las cualidades pertinentes; por ejemplo, alguien muy creativo pero poco analítico puede recurrir a un buen analista, y viceversa. En los procesos grupales es importante tratar de aprovechar los atributos de cada uno de los participantes, a fin de incrementar la cantidad y la calidad del aporte común.

RP/TD
Actividades y estilos personales

◀◀
Módulo
antecedente
68

Actividades	Preferencias de la persona
Incorporar información	Sensorial
Generar ideas	Intuitivo
Evaluar alternativas y concluir	*Thinker* o *feeler*

M 68 - pág. 152   ◀•• En el módulo RP/TD–PROCESOS DIVERGENTE Y CONVERGENTE indicamos cinco actividades que se realizan en cualquiera de las tres etapas de la RP/TD (examen de la problemática, desarrollo de cursos de acción e implementación). Estas actividades son:

- Incorporar y analizar información.

- Generar ideas.

- Plantear cuestiones.

- Evaluar alternativas.

- Concluir acerca de la alternativa preferible.

M 59 - pág. 132   ◀•• Además, en el módulo RP/TD–ACTIVIDADES Y ATRIBUTOS DE LAS PERSONAS señalamos ciertos atributos destacables para cada una de dichas actividades. En este módulo relacionaremos cuatro de ellas con aspectos inherentes a los estilos personales.

Para ello recurriremos al modelo de tipos psicológicos de Myers-Briggs, basado en las ideas originales de Carl Jung. Este modelo comprende cuatro dimensiones de preferencias personales, y en cada dimensión plantea una dicotomía con respecto a tales preferencias. Para el tema que aquí nos interesa, vale concentrarse en dos de las cuatro dimensiones:

- La función de "percibir", correspondiente al *input* del proceso cognitivo. Aquí se diferencia:

  - La percepción sensorial, que emplea cualquiera de los cinco sentidos para obtener información.

  - La intuición, que consiste en imaginar, en extraer ideas de la propia mente.

- La función de "juzgar", que abarca el proceso posterior al *input* hasta llegar a una conclusión o tomar la decisión pertinente. Aquí se distingue la influencia del pensar (*thinking*) *vis a vis* la del sentir (*feeling*).

En cuanto a la primera función, todos los seres humanos usan la percepción senso-rial y la imaginación, en mayor o menor grado. Sin embargo, ciertas personas, las "sensoriales", prefieren utilizar la percepción sensorial, y otras, las "intuitivas", se inclinan por la intuición. Asimismo, determinadas personas, los "*thinkers*", manifies-tan predilección por decidir sobre la base del pensamiento objetivo basado principal-mente en valores impersonales (equidad, productividad, calidad, etcétera); mientras que otros, los "*feelers*", en el proceso decisorio les dan mucho peso a sus emociones o sentimientos y a valores personales (empatía, lealtad, piedad, etcétera). La prefe-rencia de una persona tiende a marcar el terreno en donde ella se siente más confor-table, e incluso es más hábil.

Ahora bien, en general, las personas sensoriales se prestan para incorporar informa-ción acerca de la realidad observable, de lo que ocurre en el presente, de datos con-cretos, etcétera; en tanto que las intuitivas ofrecen más propensión a generar ideas, a imaginar posibilidades, a mirar el futuro, etcétera. Por otra parte, en las actividades de evaluar alternativas y de concluir, los *thinkers* y los *feelers* pueden aportar pers-pectivas diferentes que suelen enriquecer el proceso decisorio.

Lo antedicho significa que individualmente es provechoso tomar conciencia de las actividades en que uno goza de mejor predisposición, y de qué tipo de aportes suele hacer al respecto. A su vez, en los procesos grupales es conveniente tratar de aprove-char las respectivas virtudes de los participantes. Pero, al mismo tiempo, existe cierta tendencia al conflicto entre los opuestos en cada dimensión: el sensorial vs. el intuiti-vo, y el *thinker* vs. el *feeler*. Justamente el arte de potenciar dichos procesos es lograr que un mismo fenómeno, los distintos estilos, genere sinergia en lugar de conflicto. Este concepto es aplicable no solo al modelo de Myers-Briggs, sino también a otros modelos de estilos personales.

Para profundizar el tema de los estilos personales, recomendamos el libro *El cambio del comportamiento en el trabajo*, de Santiago Lazzati (Granica, 2008; Capítulo 5).

RP/TD
Alternativas: disyuntiva o combinación

¿ A vs. B o A + B ?

En repetidas ocasiones se plantean alternativas en términos de disyuntiva, en donde las opciones responden a criterios aparentemente contradictorios; por ejemplo:

- Acción vs. reflexión.

- Bajo costo vs. alta calidad.

- Conservadurismo o seguridad vs. tomar riesgos.

- Control vs. libertad de acción.

- Directivo vs. participativo.

- Eficiencia vs. innovación.

- Estabilidad vs. cambio.

- Foco específico vs. visión panorámica.

- Intereses de los accionistas vs. otros intereses (los de los llamados *stakeholders*).

- Orientación a los resultados vs. orientación a las personas.

- Práctico vs. teórico.

- Pragmatismo vs. idealismo.

- Resultados a corto plazo vs. resultados a largo plazo.

Tales planteos pueden ser válidos en determinadas circunstancias. Sin embargo, en muchas situaciones constituyen un reduccionismo improcedente, que suele estar originado en la dificultad que tienen ciertas personas para afrontar la paradoja o para manejar complejidades mayores. Se trata de actitudes del tipo "blanco o negro" o de mentalidades "binarias" (cero o uno).

En numerosas situaciones, el mejor curso de acción pasa por combinar criterios aparentemente contradictorios sobre la base de lo siguiente:

- Encontrar el equilibrio entre las postulaciones aparentemente opuestas, en términos del grado de influencia de cada una. Por ejemplo, tomar riesgos hasta cierto punto, manteniendo una dosis de seguridad: evitar determinados riesgos, mitigar otros, adoptar medidas preventivas o compensatorias, etcétera. Toda la gestión del riesgo está basada en este concepto.

- Adoptar un enfoque situacional. Por ejemplo, la preferencia por un comportamiento directivo o uno participativo depende de los factores que juegan en la situación. Al respecto nos remitimos al módulo ENFOQUE SITUACIONAL. ••▶ M 16 - pág. 54

- Buscar la integración o incluso la sinergia en lugar de la disyuntiva. Tal puede ser el caso de la falsa oposición que suele plantearse entre la teoría y la práctica, tema ••▶ M 71 - pág. 159
que tratamos en el módulo respectivo.

Para profundizar el tema, recomendamos el libro *Empresas que perduran*, de James C. Collins y Jerry I. Porras (Norma, 1995), especialmente el capítulo "Intermedio" entre los capítulos 2 y 3, titulado "No a la tiranía de la disyuntiva".

RP/TD
Conceptos fundamentales

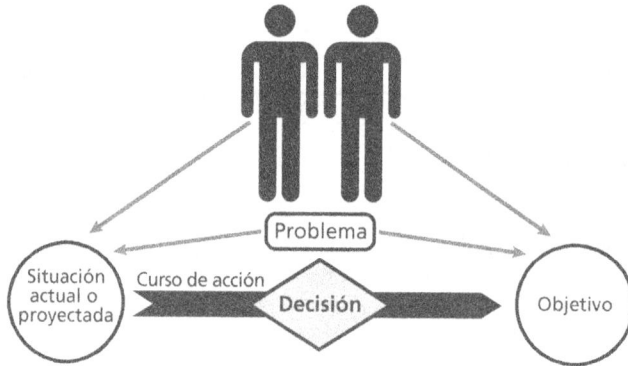

Objetivo

Resultado, atributo o situación deseada, para la cual se pretende ejercer alguna acción consecuente.

Problema

Brecha entre una situación actual o proyectada y un objetivo. Se entiende por situación proyectada aquella que puede llegar a ocurrir, independientemente del objetivo.

Dentro de los problemas, cabe distinguir:

M 55 - pág. 124 ◀••   1. El problema "negativo", cuando la situación actual no satisface el objetivo prefijado.

M 56 - pág. 126 ◀••   2. El problema "potencial", cuando la situación proyectada puede ser insatisfactoria.

M 28 - pág. 74 ◀••   3. El problema "de implementación", cuando ya se ha fijado un objetivo, y no necesariamente se observa un problema negativo o potencial, pero es preciso definir cómo se va a concretar dicho objetivo.

M 53 - pág. 120 ◀••   4. El "aprovechamiento de oportunidades", cuando a partir de un objetivo general (explícito o implícito), y casi siempre a raíz de nueva información, se plantea la posibilidad de desarrollar nuevos objetivos. En este caso, de todos modos, se genera una brecha entre la situación actual o proyectada y el objetivo, lo cual equivale a un problema.

Cabe aclarar que en la problemática real dicha tipología no se da en forma pura. Suele ocurrir que se combinen o mezclen dos o más tipos de problemas. Sin embargo, la clasificación indicada es válida y útil a los fines metodológicos.

Resolución de problemas

Curso de acción que supera la brecha entre la situación actual o proyectada y el objetivo; vale decir que permite lograr el objetivo.

Decisión

Elección de un curso de acción determinado entre varios cursos de acción alternativos. Se entiende que el curso de acción elegido puede comprender una configuración de varios cursos de acción.

Sujeto o sujetos

La definición de un objetivo o la caracterización de un problema dependen del o los sujetos que encaran la situación. Bien puede ocurrir que, frente a una misma situación, una persona parta de un objetivo determinado y otra persona arranque de uno completamente distinto; o que para alguien hay un problema a resolver y para los demás tal problema no existe; o que donde uno ve un problema negativo otro percibe una oportunidad aprovechable; etcétera. Asimismo, caben múltiples puntos de vista, en función del sujeto, con respecto a la resolución del problema y a la decisión correspondiente.

Corolario de las definiciones precedentes

En un sentido lato, los conceptos de "resolución de problemas" y de "toma de decisiones" son sinónimos, dado que ambos representan un mismo proceso. En efecto, la resolución de cualquier problema requiere la toma de decisiones; y, viceversa, toda decisión implica necesariamente la existencia previa de un problema a resolver.

RP/TD
Defectos habituales en el proceso

¿Falta? ¿Demasiado? ¿Inadecuado?

¿Análisis? ¿Creatividad? ¿Enfoque sistémico?
¿Factor humano? ¿Información? ¿Juicio crítico?
¿Objetivos? ¿Ordenamiento? ¿Orientación a la acción?
¿Prioridades? ¿Riesgo? ¿Tiempo?

I. En la primera etapa – Examen de la problemática

A. En el enfoque de la problemática:

1. Falta de pensamiento sistémico, de visión panorámica, "ver el árbol, pero no ver el bosque". Demasiada atención a la interna del sistema y escasa atención al macro-sistema (al entorno, al mercado, al cliente, a la competencia, etcétera). Excesiva preocupación por la eficiencia, en detrimento de la eficacia o la efectividad.

2. Superficialidad en la comprensión de las relaciones entre las partes que integran el sistema.

3. Descuido de la cadena de medios-fines. Omisión de las preguntas "para qué" y "cómo". Descuido en un extremo de objetivos de mayor nivel o en otro extremo de cuestiones de menor nivel, pero importantes. Acotamiento indebido del campo de análisis.

B. En la priorización del problema:

1. Dedicación a problemas no prioritarios, en perjuicio de los problemas prioritarios.

2. Excesiva preocupación por superar los problemas negativos, a expensas del aprovechamiento de oportunidades.

3. Tendencia a atender solo lo urgente, relegando lo importante.

C. En la identificación del objetivo inicial:

1. Carencia de claridad en el objetivo.

2. Dar por sentado un objetivo no suficientemente concluido o acordado como tal.

D. En el diagnóstico de la situación:

1. Análisis superficial de las causas de un problema negativo. Tendencia a prestar demasiada consideración a los aspectos dramáticos o personalmente desagradables.

2. Descuido de problemas potenciales. No contemplar acciones preventivas o acciones contingentes.

3. Desatención del análisis externo e interno, base del aprovechamiento de oportunidades.

II. En la segunda etapa – Desarrollo de cursos de acción

A. En el inicio de la etapa:

1. Abordaje de la solución a partir de una formulación débil del problema a resolver. O sea que la etapa anterior no está debidamente concluida.

B. En la concepción de cursos de acción posibles:

1. Apresuramiento o actitud crítica en la evaluación de las ideas, que atenta contra la disposición a la creatividad.

2. No utilización de técnicas que favorecen la creatividad.

3. Tendencia a enfocar y resolver problemas en función de patrones y rutinas familiares, en detrimento de la creatividad.

C. En la evaluación de cursos de acción:

1. Argumentaciones improcedentes respecto de la validez de los pros y los contras de cada alternativa, cuando lo que está verdaderamente en discusión es su peso relativo o su valor de probabilidad.

2. Imprecisión en la identificación de criterios que deben servir de base para la evaluación.

3. Falta de enfoque sistémico en la evaluación de las alternativas. Descuido de todas las variables intervinientes. Superficialidad en la proyección de los efectos de cada alternativa, o en la consideración de restricciones existentes. Descuido de problemas potenciales.

4. Poca o demasiada atención (según los casos) a la aceptación de la decisión por parte de sus afectados. En ciertas situaciones se observa una subestimación de dicho factor, que luego perjudica la implementación de la decisión. En otras circunstancias, por el contrario, se manifiesta una excesiva preocupación por la aceptación, que deteriora indebidamente la calidad de la decisión; tal suele ser el caso de las denominadas "soluciones de compromiso". En repetidas oportunidades, el mal manejo del factor aceptación tiene que ver con el error señalado en el punto anterior (falta de enfoque sistémico en la evaluación de cursos de acción). Pero también suele relacionarse con las condiciones psicológicas que rodean a la decisión (conflicto de intereses, falta de coraje o convicción para tomar una decisión conveniente pero resistida, autoritarismo, etcétera).

D. En la elección del curso de acción a seguir:

1. Tendencia a conclusiones demasiado conservadoras. Esto, además de ser una característica natural de mucha gente, puede originarse en una visión estática en la evaluación de los riesgos.

2. Indecisión. "Parálisis por el análisis".

3. Manifestación en favor de una opción, pero sujeta a condicionamientos de manera que se evita una elección propiamente dicha.

III. En la tercera etapa – Implementación

A. En la especificación de la implementación:

1. Diferimiento inadecuado, superficialidad o ambigüedad en torno a las preguntas *quién, cómo, con qué, cuánto, cuándo* y *dónde*. Descuido de "detalles" importantes.

B. En la comunicación de la decisión y demás informaciones pertinentes:

1. Suposición de que, lograda una decisión conveniente, su comunicación representa una cuestión secundaria.

2. Subestimación de la problemática de los demás en cuanto a la comprensión y el compromiso necesarios para una adecuada implementación.

3. Comunicación excesivamente directiva, a expensas de la receptividad y de la participación.

4. Métodos inadecuados de comunicación, que provocan efectos no deseados.

C. En el tratamiento del cambio en el comportamiento humano:

1. Falta de un enfoque sistémico en la configuración de intervenciones necesarias para crear masa crítica.

2. Carencia de un análisis profundo de posibles reacciones de la gente, especialmente de resistencias al cambio. Falta de percepción de manifestaciones indirectas en este sentido. Adopción de supuestos simplistas. No comprensión de las razones de las resistencias.

3. Suposición de que los demás deben cambiar, pero uno no.

4. Acción débil o incompleta en diversos frentes: comunicación, análisis y gestión política, desarrollo de la capacidad y motivación de los involucrados, manejo positivo de las resistencias, superación de la resistencia al cambio, manejo adecuado de la transición, etcétera.

D. En las medidas de control:

1. Insuficiencia del sistema de información, que impide un monitoreo adecuado de la implementación.

2. Falta de seguimiento personal.

RP/TD e información

```
┌──────────┐      ┌──────────┐       ╱──────────╱
│   Info   │ ───▶ │  RP/TD   │ ───▶ ╱  Acción  ╱
└──────────┘      └──────────┘     ╱──────────╱
```

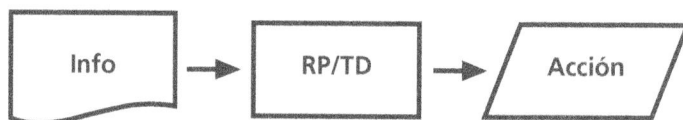

La información es la materia prima del proceso de RP/TD.

M 66 - pág. 147 ◀•• En el módulo titulado METODOLOGÍA GENERAL DEL PROCESO RP/TD se indican las etapas y los pasos que componen la secuencia de la metodología. Algunos autores incluyen la obtención de información como un paso adicional, generalmente ubicado dentro del examen de la problemática. En nuestra opinión, la obtención de información no debe presentarse como un paso separado, sino como un procedimiento aplicable en cualquiera de los pasos que componen las tres etapas del proceso.

M 41 - pág. 98 ◀•• En sustancia, todo el proceso decisorio puede enfocarse como un sistema cuyo *input* es la información y cuyo *output* es la decisión orientada a la acción. Como en cualquier sistema, la calidad del *output* depende de la calidad del *input*. De aquí la gran importancia que tiene la información en el proceso de RP/TD.

M 27 - pág. 73 ◀•• Por otra parte, la tercera etapa de la implementación debe incluir las medidas de control correspondientes. Y, en general, estas incluyen la generación de la información necesaria para ejercer el control.

		Visión sistémica	
		Menor	Mayor
Orientación al cambio	Positivo	Oportunista	Integrador
	Negativo	Bombero	Conservador

Este modelo enfoca dos dimensiones: la visión sistémica y la orientación al cambio (ver *Claves de la decisión en la empresa*, de Santiago Lazzati; Capítulo 10, escrito por Jorge Ponte –Macchi, 1993–).

La *visión sistémica* se caracteriza por:

1. Orientación a los objetivos generales de la organización, tanto de corto como de largo plazo.

2. Visión integral de la organización que, a su vez, comprende dos conceptos: la visión panorámica y la interdependencia entre las partes.

3. Inclinación a prevenir los problemas y sistematizar los procesos.

4. Empleo de mecanismos de retroalimentación y autorregulación.

La *orientación al cambio* incluye:

1. La actitud innovadora.

2. La disposición a asumir riesgos.

La conjunción de las dos dimensiones da lugar a cuatro estilos.

- *Conservador*: considera el cambio como algo perturbador y negativo; le interesa la visión sistémica en cuanto le provee un marco de referencia dentro del cual se mueve.

- *Oportunista*: visión del cambio como oportunidad de mejora; escasa o nula preocupación por el sistema.

145

- *Bombero*: resistencia o desinterés por el cambio y baja visión sistémica.

- *Integrador*: visión positiva del cambio y actitud innovadora, junto con una mayor visión sistémica.

RP/TD
Metodología general del proceso

```
┌──────────────┐     ┌──────────────┐     ┌──────────────────┐
│   Examen     │     │  Desarrollo  │     │                  │
│   de la      │ ──▶ │ de cursos de │ ──▶ │ Implementación   │
│ problemática │     │    acción    │     │                  │
└──────────────┘     └──────────────┘     └──────────────────┘
```

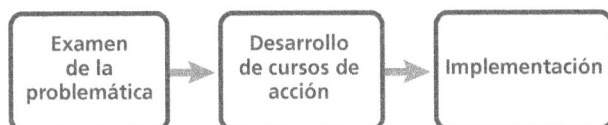

Desde un punto de vista metodológico, desglosamos el proceso de RP/TD en tres grandes etapas:

1. Examen de la problemática.

••▶   M 58 - pág. 130

2. Desarrollo de cursos de acción.

••▶   M 10 - pág. 43

3. Implementación.

••▶   M 28 - pág. 74

Cabe emplear otra terminología para caracterizar cada etapa. Por ejemplo, la primera podría llamarse "análisis del problema"; la segunda, "diseño de la solución"; etcétera.

Cada etapa, a su vez, comprende o puede comprender diversos pasos. Aquí enunciaremos algunos de ellos, para brindar una visión de la secuencia en etapas y pasos.

El examen de la problemática incluye la identificación del objetivo inicial y el diagnóstico de la situación. El desarrollo de cursos de acción comprende la concepción, la evaluación y la elección.

Dichas etapas y pasos implican un cierto orden secuencial que, en general, conviene respetar:

1. En principio, es necesario partir de un objetivo para disparar el diagnóstico de la situación.

2. La identificación del objetivo inicial y el diagnóstico de la situación permiten especificar el problema a resolver, lo cual es condición previa para abordar los cursos de acción tendientes a la solución.

3. Es conveniente encarar la concepción de cursos de acción antes de su evaluación. Cuantos más cursos de acción se consideren, mayor será la probabilidad de elegir el mejor. Y el apresuramiento en el camino de la elección atenta contra la riqueza de la concepción.

4. Es aconsejable evaluar debidamente los cursos de acción alternativos a fin de optar por uno de ellos (la decisión).

5. Finalmente, la decisión, para ser efectiva, debe ir acompañada de una adecuada implementación.

M 64 - pág. 144 ◀•• Algunos autores incluyen la obtención de información como un paso adicional, generalmente ubicado dentro del examen de la problemática. En nuestra opinión, la obtención de información no debe presentarse como un paso separado, sino como un procedimiento aplicable en cualquiera de los pasos que componen las tres etapas del proceso. En sustancia, todo el proceso decisorio puede enfocarse como un sistema cuyo *input* es la información y cuyo *output* es la decisión orientada a la acción. Como en cualquier sistema, la calidad del *output* depende de la calidad del *input*. De aquí la gran importancia que tiene la obtención de información en el proceso.

Sin perjuicio de la validez y la utilidad de la metodología que adoptamos, es preciso tener en cuenta que cualquier desglose del proceso RP/TD en etapas y pasos es, en cierta medida, convencional. Es razonable agrupar u ordenar los pasos de manera diferente a la elegida por nosotros (lo cual no altera mayormente la metodología). Nosotros hemos optado por un modelo que consideramos más genérico, el cual facilita la visión sistémica del proceso y permite mayor flexibilidad.

Además, el orden secuencial es relativo. Según las circunstancias, puede que sea preferible alterar la secuencia del modelo general, o que estando en un punto sea necesario volver para atrás ("reciclaje"), o que convenga acelerar o saltar una etapa o paso, etcétera. Las situaciones siguientes ilustran acerca de estas posibilidades:

1. El diagnóstico de la situación bien puede retrotraer a la revisión del objetivo inicial que en un primer momento se había dado por sentado.

2. El desarrollo de cursos de acción se presenta como una etapa posterior a la identificación del objetivo inicial. No obstante, la evaluación de los cursos de acción puede traer a colación nuevos elementos de juicio que justifiquen una revisión de tal objetivo.

3. La programación detallada inherente a la implementación de una decisión puede indicar inconvenientes no evaluados debidamente al momento de tomarse la decisión. En consecuencia, se hace necesario replantear la situación, reciclando la

etapa anterior (por ejemplo, modificar la evaluación de cursos de acción o inclusive el objetivo fijado inicialmente).

4. Estando en una etapa o paso determinado del proceso (por ejemplo, en el examen de la problemática o en la evaluación de cursos de acción), cabe la disyuntiva entre profundizar la etapa o paso en cuestión o saltar a la etapa o paso siguiente. Esto es particularmente válido cuando tal profundización habrá de requerir mucha información adicional de dudoso valor actual, en tanto existe cierta urgencia por lograr definiciones. La aceleración de la decisión fuerza la acción. Esta, a su vez, proporciona nueva información. Y con la nueva información cabe reciclar el proceso, tal vez en mejores condiciones que si se hubiera esperado obtener "toda la información", sin tomar decisión ni acción previa.

No hay que encarar la metodología de manera rígida, sino más bien como un mapa a recorrer; caben múltiples alternativas al respecto. Tal vez la utilización efectiva de la metodología pueda resumirse en dos palabras: estructura y flexibilidad. Por una parte, la estructura implica un proceso sistemático, que facilita el sentido de finalidad, la visión de conjunto y la integración de las partes; significa una guía para que el manejo apropiado de un paso sirva como buena plataforma para el abordaje del paso siguiente. Pero, por otra parte, la flexibilidad es indispensable para que todo eso se haga en función de las circunstancias. El proceso de RP/TD rara vez ofrece un camino directo a la solución del problema. En la mayoría de los casos, los problemas pueden encararse de manera diversa, y el propio proceso entraña un aprendizaje que, a veces, requiere marchas y contramarchas hasta que se encuentra la solución.

RP/TD
Objetivos múltiples

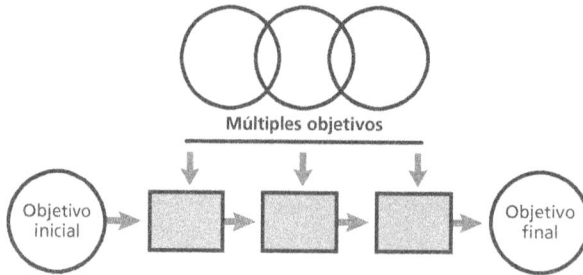

Múltiples objetivos

Definimos *problema* como la brecha entre una situación actual o proyectada y un objetivo; por lo tanto, el examen de la problemática incluye la identificación del objetivo pertinente.

M 62 - pág. 138

Dentro de la primera etapa de examen de la problemática, el objetivo inicial responde a un supuesto previo. Porque si se tratase de decidir ahora acerca del objetivo inicial (eligiendo un objetivo nuevo o modificando un objetivo anterior), ello implicaría en mayor o menor grado concebir, evaluar y elegir cursos de acción, lo cual significaría incursionar en la segunda etapa.

M 58 - pág. 130

Por otra parte, cabe aclarar que a lo largo de todo el proceso de RP/TD pueden jugar muchos más objetivos que el que hemos dado en llamar inicial:

1. En la primera etapa de examen de la problemática, la aplicación de la cadena de medios-fines pone de relieve una configuración de múltiples objetivos entrelazados.

M 03 - pág. 29

2. Durante el desarrollo de la segunda etapa, en el paso de evaluación de cursos de acción, se suelen traer a colación objetivos adicionales, a título de criterios de evaluación. Por ejemplo, supóngase que el objetivo inicial ha sido el de lanzar un nuevo producto; posteriormente, al evaluarse un curso de acción determinado, como ser aumentar significativamente la publicidad, este es finalmente descartado por considerarse demasiado costoso; esto entraña, tácita o explícitamente, la aceptación de un cierto objetivo de rentabilidad o de reducción de costos.

M 12 - pág. 46

3. Al final de la etapa, en la elección del curso de acción a seguir, de hecho se está definiendo un nuevo objetivo. Vale decir que se deducen objetivos de menor nivel a partir de los de mayor nivel, previamente aceptados (el *cómo* de la cadena de medios-fines).

M 11 - pág. 45

4. Aún más, en cualquier punto de análisis de cursos de acción pueden inferirse objetivos de mayor nivel, a partir de los de menor nivel ya identificados (el *para qué* de la cadena de medios-fines).

5. Lo dicho en párrafos precedentes respecto de las dos primeras etapas del proceso es aplicable, en mayor o menor grado, a la tercera etapa de implementación. Esto es así por lo indicado más arriba en cuanto a que esta última etapa puede enfocarse como un nuevo proceso de RP/TD (concepto de la cadena de medios-fines). ••▶ M 28 - pág. 74

Por otra parte, cualquiera de las tres etapas puede dar lugar a la revisión de objetivos prefijados (concepto de reciclaje).

Entonces, la identificación de objetivos puede ocurrir en cualquier etapa del proceso. Cuando ubicamos la "identificación del objetivo inicial" como el paso de la primera etapa, nos referimos al objetivo o conjunto de objetivos que operan como disparador; sin embargo, muchos otros objetivos juegan a lo largo de todo el proceso.

RP/TD
Procesos divergente y convergente

Procesos	Divergente ¦ Convergente				
Etapas	Actividades				
	Incorporar y analizar información	Generar ideas	Plantear cuestiones	Evaluar alternativas*	Concluir
I. Examen de la problemática					
II. Desarrollo de cursos de acción					
III. Implementación					

M 66 - pág. 148 ◄•• En cualquiera de las tres etapas de la RP/TD (examen de la problemática, desarrollo de cursos de acción e implementación) ocurren dos tipos de procesos:

• **Divergente**, en donde se va expandiendo el caudal de información e ideas que se incorpora al proceso, y se aumenta explícita o tácitamente la gama de alternativas consecuentes. Aquí se emplea la palabra divergente para representar un espacio de contenido entre dos líneas que se alejan una de la otra. Los elementos del contenido, en tanto subsiste el proceso divergente, no necesariamente se ven como contradictorios entre sí. En esta instancia todo suma. Este proceso comprende dos clases de actividades en cuanto a su contenido:

M 64 - pág. 144 ◄••
M 06 - pág. 37 ◄••
    – **Incorporar y analizar información.**
    – **Generar ideas**.

• **Convergente**, en donde se van depurando y descartando ciertas alternativas y concentrando la atención en otras, hasta llegar a una elección. Aquí el contenido se encauza entre dos líneas que se acercan mutuamente, como una especie de embudo. Este proceso comprende dos clases de actividades en cuanto a su contenido:
    – Evaluar alternativas.
    – Concluir acerca de la alternativa preferible.

Un aspecto muy importante del proceso RP/TD es establecer un **punto de inflexión** adecuado entre lo divergente y lo convergente. Por una parte, si el proceso divergente se acorta en demasía, el convergente arranca empobrecido. Por otra parte, si el

---

* Según el *Diccionario de la Real Academia Española*, la palabra "alternativa" puede emplearse en dos sentidos:
  • Primera acepción: "Opción entre dos o más cosas".
  • Segunda acepción: "Cada una de las cosas entre las cuales se opta".
En este texto usamos dicha palabra en el segundo sentido.

divergente se extiende excesivamente, el convergente puede diluirse, o bien reducirse indebidamente por falta de tiempo, frente a la necesidad de concluir en un momento determinado. Una buena medida es bosquejar el proceso total, estimando el tiempo de las tres etapas y sus respectivos pasos, a fin de darle un tiempo razonable a cada paso, dentro del marco de tiempo disponible.

Además de las cuatro actividades indicadas, existe una quinta, **plantear una cuestión**, ubicable en dicho punto de inflexión. Tal planteo implica la propuesta de optar entre dos o más alternativas, pero sin indicar preferencia por una u otra (esta indicación trasciende el planteo de la cuestión en sí y pasa a formar parte de una actividad siguiente: la evaluación de alternativas). Las alternativas pueden consistir en distinto tipo de opciones: sí o no, A o B, cantidad mayor o menor, ranking de prioridades, etcétera. El planteo puede ser aceptado o no; si lo es, significa que corresponde abocarse a la resolución de la cuestión, lo cual abre la puerta a un proceso convergente; si no lo es, queda el proceso abierto.

De los párrafos precedentes surgen cinco clases de actividades, inherentes al contenido del proceso, que se pueden dar en cualquiera de las tres etapas de la RP/TD:

1. Incorporar y analizar información.
2. Generar ideas.
3. Plantear cuestiones.
4. Evaluar alternativas.
5. Concluir acerca de la alternativa preferible.

La distinción entre una clase de actividad y otra no es absoluta. Bien puede existir una zona gris entre el dar información (que requiere conocimiento) y el generar ideas (que implica creatividad); o entre el análisis de la información (que significa clasificar, relacionar, etcétera) y la evaluación (que entraña juicio crítico); o entre la evaluación (que trabaja con varias alternativas) y la conclusión (que opta por una alternativa), etcétera.

La verdadera conclusión debe orientarse a la acción, que se manifiesta encarando decididamente la etapa siguiente: si se cumplió con el examen de la problemática, corresponde el respectivo desarrollo de cursos de acción; si a su vez éste se realizó, corresponde la planificación de la implementación; y finalmente, si esta última se da por terminada, corresponde la acción propiamente dicha. Sin acción todo lo anterior no sirve para nada. A todo esto lo podríamos sintetizar con la metáfora "seguir adelante hasta llegar a la acción".

El proceso se recrea porque el sistema de control, diseñado en la etapa de planificación de la implementación, incorpora información adicional que desencadena nuevos desafíos.

ANEXO

Ejemplos de actividades en cada etapa

En este anexo daremos algunos ejemplos para ilustrar lo dicho en el módulo. Pero al respecto caben dos aclaraciones:

- Dado que la etapa de implementación en sustancia reproduce la problemática de las otras etapas, en los párrafos siguientes prescindiremos de considerarla particularmente.

- Asimismo, no daremos ejemplos separados de planteo de cuestiones porque ellos están implícitos en los ejemplos de evaluación de alternativas.

M 58 - pág. 130 ◀•• En el *enfoque de la problemática*:

- Procurar información interna o externa para detectar problemas.

- Imaginar posibles problemas.

- Ponderar la importancia o la urgencia de un problema a fin de establecer prioridades.

- Escoger qué problema o problemas deben encararse de inmediato.

M 55 - pág. 124 ◀•• En el *análisis de un problema negativo*:

- Analizar información para descubrir las causas del problema.

- Concebir posibles causas del problema.

- Evaluar la validez de las relaciones de causa-efecto concebidas.

- Concluir acerca de la especificación del problema (qué es y qué no es) y de cuáles son sus causas verdaderas.

M 53 - pág. 120 ◀•• En el *aprovechamiento de oportunidades* :

- Recurrir a información externa para explorar nuevos negocios o emprendimientos.

- Idear nuevos productos.

- Estimar la factibilidad de un proyecto.

- Decidir si vale la pena encarar el proyecto.

En el *desarrollo de cursos de acción*:
•• ▶   M 10 - pág. 43

- Obtener información adicional a los efectos de profundizar el análisis.

- Generar alternativas de cursos de acción o imaginar problemas potenciales de un determinado curso de acción.

- Juzgar los pros y los contras de cada curso de acción planteado.

- Elegir un curso de acción.

RP/TD
Relación con planeamiento

Prototipo de problemática		Etapas		
		I	II	III
Problema puntual		Examen de la problemática	Desarrollo de cursos de acción	Implementación
Planeamiento	Estrategia	Análisis estratégico	Formulación de la estrategia	Implementación de la estrategia
	Cambio organizacional	Diagnóstico de la situación actual	Diseño de la situación deseada	Implementación del cambio
	Otros tipos de planificación	----	----	----

M 66 - pág. 147 ◀•• Dentro del proceso de RP/TD cabe distinguir dos clases de problemáticas (reconociendo que la diferenciación no es pura, que existe una "zona gris" en el medio):

1. La RP/TD correspondiente a un problema puntual.

2. El planeamiento de las actividades de un área de responsabilidad, sea esta una organización, un sector de ella, un proyecto, etcétera.

M 50 - pág. 114 ◀•• El planeamiento consiste fundamentalmente en fijar objetivos y en determinar cómo se van a lograr los objetivos fijados, todo ello sobre la base de un examen de la situación. En sustancia, planificar es tomar decisiones por anticipado. Por lo tanto, la metodología básica planteada en el módulo correspondiente es también aplicable al proceso de planeamiento.

En los cuadrantes del gráfico se ubican expresiones típicas del lenguaje empresarial. Pueden cambiarse estas expresiones por otras equivalentes, pero las alternativas terminológicas no alteran la idea central.

Pensamiento sistémico
Dominio personal
Modelos mentales
Visión compartida
Aprendizaje en equipo

La obra *La quinta disciplina*, de Peter Senge (Granica, 1992), trata de resolución de problemas o toma de decisiones. Propone el paradigma de la organización que aprende, de la organización inteligente. Tal organización, al mismo tiempo que resuelve los problemas actuales, persigue dos cosas más: crear condiciones que favorezcan la problemática futura, e incrementar la capacidad de sus miembros para resolver esta problemática.

A fin de desarrollar la organización inteligente, Senge recomienda la aplicación de cinco disciplinas:

1. *Pensamiento sistémico*, la disciplina que engloba las otras disciplinas, y que consiste en tener un enfoque a la vez panorámico y profundo de la problemática.

2. *Dominio personal*, que pretende por un lado ser exigente en la visión (u objetivo) personal y por otro lado comprometerse con la verdad (respecto de la situación actual o proyectada). Esto es el desafío de agrandar la brecha, de generar tensión creativa.

3. *Modelos mentales*, que son supuestos profundamente arraigados, generalizaciones e imágenes que influyen sobre nuestro modo de comprender el mundo y actuar. La idea no es, necesariamente, cambiar estos modelos, pero sí al menos indagar acerca de ellos. El propósito es mejorar el conocimiento de sí mismo y la comprensión de los demás, enriqueciendo así el proceso de toma de decisiones.

4. *Visión compartida*, que destaca el valor agregado y el impacto motivacional de la imagen compartida de un futuro que se trata de crear. Esto implica la participación activa de todos en el desarrollo de dicha visión, más allá, incluso, de la influencia de un líder.

5. *Aprendizaje en equipo,* que requiere la indagación mutua (vs. la argumentación), la suspensión de los supuestos, el respetarse mutuamente, el examen de los modelos mentales, la superación de las rutinas defensivas, el afrontar los conflictos, etcétera.

Sin perjuicio del aporte sobresaliente de la obra de Senge, cabe señalar que se trata de un modelo normativo idealista, en el sentido de que bosqueja una situación ideal a lograr y recomienda un camino mejor para lograrla. Como modelo de cambio organizacional es incompleto. Carece de enfoques situacionales del tipo siguiente: si la situación actual es una, corresponde cierta estrategia; pero si la situación actual es otra, corresponde una estrategia distinta. En cuanto a la motivación humana, apela casi exclusivamente a la intrínseca, quitándole importancia a la extrínseca (influencia del sistema de premios y castigos), lo cual limita el alcance y la flexibilidad del modelo.

Teoría y práctica
Integración

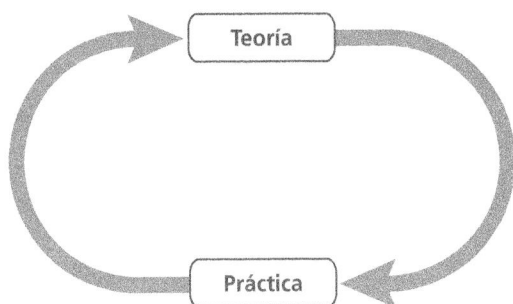

Vivimos tomando decisiones de la mañana a la noche, desde las más importantes a las más intrascendentes, desde las más complejas a las más simples, desde las más maduradas a las más automáticas; generalmente, en condiciones de ambigüedad e incertidumbre. En todas es inevitable elegir un curso de acción, dentro de una gama de alternativas. Para ello recurrimos a teorías de todo tipo. En este orden, cualquier teoría aplicada es una generalización acerca de lo que es preferible hacer, que puede provenir de múltiples fuentes: conocimiento científico, concepto convencional, opinión de terceros, experiencia personal, etcétera. Aun personas que hacen hincapié en su sentido práctico, incluyendo algunas que desprecian lo teórico, emplean teorías, aunque no lo reconozcan.

Es común escuchar la expresión "esto es bueno en teoría, pero no funciona en la práctica", o algo por el estilo. Tal afirmación puede significar dos cosas distintas: que la teoría no es válida (por ejemplo, porque omite considerar un factor relevante), o bien que no la queremos aplicar, por un motivo o por otro (por ejemplo, por una cuestión de valores). La clave es la integración entre la teoría y la práctica: por un lado, cuando enunciamos una teoría, corresponde someter su validez a la prueba de su aplicación; y, por otro lado, cuando disponemos de la práctica, es enriquecedor reflexionar para confirmar, modificar o crear teoría. No hay cosa más práctica que una buena teoría; y no hay teoría más valiosa que la originada en la reflexión acerca de la experiencia personal.

Un problema que enfrenta la integración entre la teoría y la práctica es partir de generalizaciones simplistas absolutas, cuando lo que corresponde es adoptar un enfoque situacional. Este tema lo tratamos en el módulo ENFOQUE SITUACIONAL.

••▶   M 16 - pág. 54

Bibliografía consultada

General

ALTIER, William J.: *Instrumentos intelectuales del gerente*. Oxford, 2000.

ANTHONY, Robert N.: *El control de gestión*. Deusto, 1990.

COX, Geof: *Solucione ese problema*. Deusto, 1995.

GIMBERT, Xavier: *Pensar estratégicamente*. Deusto, 2010.

LAZZATI, Santiago: *Anatomía de la organización*. Macchi-Mercado, 1997.
——— *RP/TD-El proceso decisorio*. Macchi, 1997.
——— *Management del cambio y del desempeño*. Macchi, 2000.

Citada específicamente en ciertos módulos

COLLINS, James C. y PORRAS, Jerry I.: *Empresas que perduran*. Norma, 1995.

KAPLAN, Robert S. y NORTON, David P.: *The execution premium*. Deusto, 2008.

KEPNER, Charles y TREGOE, Benjamín: *El nuevo directivo racional*. McGraw Hill de México, 1983.

LAZZATI, Santiago. *El cambio del comportamiento en el trabajo*. Granica, 2008. Apéndice general.

MAIER, Norman: *Toma de decisiones en grupo*. Trillas, 1980.

SENGE, Peter: *La quinta disciplina*. Granica, 1992.

VON OECH, Roger: *A kick in the seat of the pants*. Harper & Row, 1986.

Libros en módulos

FERNÁNDEZ ROMERO, Andrés: *Creatividad e innovación en empresas y organizaciones*. Díaz de Santos, 2005.
——— *Manual del consultor de dirección*. Díaz de Santos, 2008.

MANSO CORONADO, Francisco J.: *Diccionario enciclopédico de estrategia empresarial*. Díaz de Santos, 2003.

TEN HAVE, Steven y otros: *Lo más importante de la gestión empresarial*. Deusto, 2004.

WARD, Michael: *50 técnicas innovadoras en management*. De Vecchi, 1999.

Apéndice

Sistema de módulos del conocimiento®

El *Sistema de módulos del conocimiento* (SMC) que presentamos en este texto responde al enfoque de integración entre trabajo y actividad educativa. El esquema básico del SMC representa un procedimiento específico para contribuir a la transferencia de la capacitación al trabajo, que forma parte de dicha integración. Pero la idea de desarrollar módulos de conocimiento puede expandirse mucho más allá del esquema básico. Por ejemplo, si la empresa emplea o va a emplear la llamada gestión por competencias, esta puede integrarse con el SMC. En última instancia, el SMC es una forma de *knowledge management* o gerencia del conocimiento.

El SMC es especialmente adecuado para abordar cuestiones conductuales. Sin embargo, cabe utilizarlo para tratar otros contenidos temáticos.

A continuación, plantearemos el esquema básico del SMC. Suponemos que la empresa diseña adecuadamente sus actividades educativas, lo cual produce contenidos temáticos que habrán de incluir elementos valiosos para aplicar posteriormente en el trabajo. Sin embargo, cuando los participantes de dichas actividades retornan a sus tareas habituales, suelen recurrir poco o nada a tales elementos. Estos quedan como "perdidos" dentro del material de capacitación. Una razón de ello puede ser que el ordenamiento didáctico de los materiales de capacitación no necesariamente constituye el acceso más favorable al momento de su aplicación en el trabajo.

Una alternativa para superar el problema indicado es seleccionar y revisar los elementos más valiosos de los contenidos temáticos de la actividad educativa; en principio, aquellos que reúnan las condiciones siguientes:

- Los de aplicación más generalizada.

- Los que signifiquen una clarificación conceptual importante.

- Los de mayor utilidad práctica.

- Los que suministren a la práctica una consistencia positiva, susceptible de ser acordada.

Denominamos *módulos* a los elementos así seleccionados y revisados. Un módulo puede ser:

- Un concepto clave (ejemplo: el de tablero de comando equilibrado).

163

- Un modelo fundamental (ejemplo: el de liderazgo situacional).

- La metodología de un proceso típico (ejemplo: el de resolución de problemas).

- Una *check list* a utilizar en una situación determinada (ejemplo: una lista de puntos a tomar en cuenta en una negociación).

- Un cuestionario de evaluación (ejemplo: el que pregunta sobre los atributos de un grupo para diagnosticar su grado de trabajo en equipo).

Los módulos se incorporan a un "repositorio", de acceso fluido durante el trabajo cotidiano. De esta manera, los contenidos temáticos, que tienden a constituirse en un archivo pasivo con respecto al trabajo, se convierten en un archivo activo de elementos valiosos, de aplicación efectiva.

El Gráfico 1 ilustra dicho esquema básico.

Gráfico 1

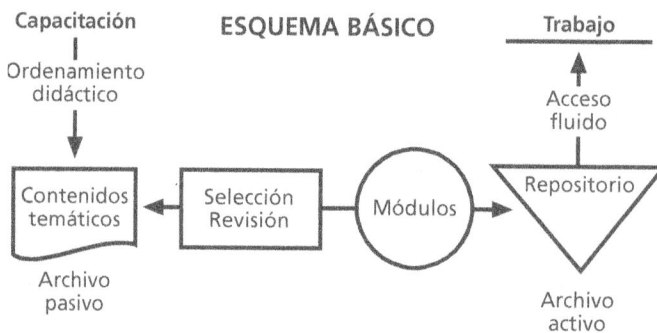

El esquema básico indicado es fácil de expandir. La fuente de los módulos puede estar constituida no solo por los contenidos temáticos de capacitación, sino también por procesos de cambio organizacional o mejora de la calidad, información externa sobre mejores prácticas, etcétera. Incluso la experiencia del propio trabajo puede generar módulos. Se trata de un archivo abierto que se va enriqueciendo continuamente. Por otra parte, el repositorio a su vez realimenta los sucesivos diseños educativos. Esto puede incluir no solo actividades de enseñanza presencial, sino también programas de autoestudio, material de apoyo al *coaching*, etcétera.

El Gráfico 2 resume lo antedicho.

SISTEMAS DE MÓDULOS DEL CONOCIMIENTO

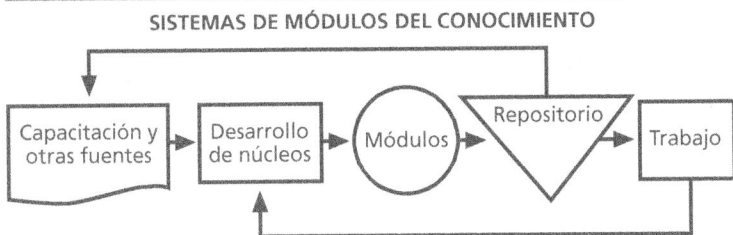

El SMC dispone de una metodología del proceso de desarrollo de los módulos, que abarca el análisis de las fuentes, los criterios de selección, los procedimientos de revisión, un formato estándar, la indicación de los protagonistas del proceso, etcétera.

El repositorio requiere cierta estructura lógica que facilite el *input*, el archivo y la utilización de los módulos. Además es provechoso agregarle un glosario y mapas alternativos de navegación.

El SMC ofrece los siguientes beneficios:

- Ayuda en el trabajo, en tiempo real.

- Lenguaje común.

- Puente con otra información.

- Refuerzo de la capacitación.

- Calidad de los contenidos temáticos de la capacitación.

- Ordenamiento sistémico del conocimiento.

Este libro se terminó de imprimir en el mes de febrero de 2013
en Color Efe - Paso 192 - Avellaneda

www.ingramcontent.com/pod-product-compliance
Lightning Source LLC
Chambersburg PA
CBHW051216200326
41519CB00025B/7142